一个人的茶文化史

姚国坤传

潘城 著

中国农业出版社

北京

序

有一些叶片特别重要
——读《一个人的茶文化史》

　　每一片叶子都生来重要，但必须认识到，有一些叶片特别重要，甚至可以说至关重要。比如神农尝百草，遇毒将亡，靠在大茶树下奄奄一息，倏然一片茶叶飘进嘴中，他嚼嚼吃了，于是我们的人文始祖起死回生，炎黄子孙作为族群方有了五千年繁衍至今的可能。尽管它只是一个传说，但反映了人类社会发展时对事物认知的折射，故一直影响到今天。

　　又比如唐代已有许多人识茶，但茶圣陆羽发现的那些"野者上园者次、紫者上绿者次、笋者上芽者次、叶卷上叶舒次"的叶片，无疑是极为重要且与众不同的。现当代的吴觉农先生在1922年25岁时写的《茶树原产地考》中写到：株株茶树，茶树上的片片茶叶，那就是金枝玉叶，每一片都蕴涵着中国人的尊严和瑰宝。

　　《一个人的茶文化史》是作者潘城为姚国坤先生撰录的一部传记，从某种角度上看，也是姚国坤先生的一部个人生活史。我则以为，这是作者多年撰写诸多文字中最有意义的一部了。对我们这些受过姚先生教诲的学生而言，此书当得上是一片重要的茶叶。姚国坤先生是当得起这部书的标题的。他一个人，的确就串起了属于他那个时代的特有的"茶文化史"。

中华民族作为世界上最悠久的民族巨体，他们的共有记忆是无穷尽的精神宝矿。但就每一个体而言，其所经历的则大多以个体经验主导，从一个侧面去加入全体的记忆。一个个体要几乎成为一个全息的记忆主体，的确需要太多的客观条件，甚至于某种上天赋予的幸运。这样的人，我们称之为时代之子。

潘城抓住了姚先生的两个特点，首先是因为姚先生恰恰生活在这个时代，一个中国茶产业从U形底部走向顶部的过程。姚先生基本参与了全过程，这当中的艰难曲折，今天却都成了时代的红利，并且渗入了这部书的字里行间。作为一个出生在茶乡的茶人，从个人命运到时代命运，如此密集地与茶结合，犹如茶与水的浸润，姚先生算是茶人中的一位典型。其次是跨度的横跳。潘城不是只抓住茶事业一条线进行叙述，而是把茶人生活的全部横断面展开，把许多在别人眼中的素材边角料纳入正史，姚国坤先生亲历了大时代中各个关键环节的茶事，具备了叙述茶界众多事件的全面性和全息性，是极为难得的一位历史口述者。

当然，这也应该归结于采访的长期与细致，使采访主体能够进入记忆深远处，挖出许多与他在一起茶事活动的人们也一知半解的事例。比如我们知道姚先生是余姚人，但我们却不知道他竟然是大名鼎鼎的春晖中学毕业生；我们知道姚先生是寒门子弟，但我们并不知道他竟然寒到只能穿着草鞋走数十里路去上学，而且这个学还因为交不起学费差点上不成；我们知道姚夫人是他的大学同班同学，但我们并不知道姚夫人年轻时竟然如此的丰姿绰约，长辫垂膝；尤其遗憾的是，我们知道姚先生是有名师指导的高才生，但我们竟然不知道他师从大隐隐于市的李联标先生，这位著名的茶学家、茶树栽培专家，茶叶科学研究先驱之一，在国内首先发现野生乔木型大茶树，对研究茶树起源与原产地作出了重要贡献。作为美国康奈尔大学农学院和加州理工学院生物学部的中国学者，李先生是中国早期从事茶叶酶化学研究的少数学者之一，在研究旧茶园改造、新茶园种植技术、探索茶树高产优质规律和茶树品种资源收集、保存、鉴定、利用等方面，为国家培养了大批专业人才。那年我带潘城去湄潭参加学术活动，还在李先生担任湄潭实验茶场技术室主任时住过的简陋住宿纪念处打扫了一次卫生。但姚先生自己从来不说，现在想起来，感觉他们真的在精神上很相像。

潘城描述姚先生的许多往事，有的甚至到了事无巨细的程度。这样的很大好处，在于姚先生从小到大的每一个时代，每一个环境，每一个变迁都被写到了。一个人身边就此围绕着一大群各式各样的茶人。他们有的是硕儒，有的是小民，有的在庙堂，有的在庙宇；有的在身边，有的在远方；有的很传奇，有的很平凡。作者描述的那段姚先生在非洲马里的日子，是我最喜欢看的段落。他在那里的神奇业绩，他的大起大落，他在马里大使馆的"火线入党"，包括后来他差点又要去巴基斯坦种茶的往事，读起来津津有味，可以想象姚先生一口余姚普通话手舞足蹈的开心形象。

姚先生不抽烟，不喝酒，快九十岁了，每天要写两千字，他惊人的记忆力和创造力，有时简直会让我们目瞪口呆。他出版的书太多了，内容有关于中国茶文化史、世界茶文化史、杭州茶文化史、浙江茶文化史等。他跑遍了中国的每一个茶区，他的发言永远言之有物，他的脸上永远是笑嘻嘻的一团和气。我们平日里都叫他姚老师，但也有人叫他姚爸，可能随便叫他什么，他都会微笑地点点头吧。年轻时姚先生是一头黑发，堪称帅哥，此书中有诸多照片为证。如今寿高，便顶着一个光光的大脑袋，戴一顶时尚的暗红紫色贝雷帽，就像是动画片中的那只"机器猫"，不管人们需要什么，他往胸前的口袋一掏，那东西就出来了。有姚先生坐镇，晚辈们便有了定海神针。

唯一一次，我看到姚先生落泪。那天我们就在学校的大会议室开会，我就坐在他身旁，提起了刚刚去世的陈文华先生。姚先生说：是我和陈文华老师一起去的东北啊，他就这样死了……然后，他突然喷出了哭声，是那种脱口而出的无法设防的崩溃地哭，然后他又突然地急刹住了。

就在那一刻，我心生一惊：姚老师——快乐的、幽默的、勤劳的、永远不老的、硕果累累的姚老师，您的心里压着什么样的潜流啊，还有多少事情是我们不知道的，你也没有说的呢！《一个人的茶文化史》叙述的基本是有关姚先生的茶的生活历程，工作历程，命运的历程；但有关老先生的心路历程呢？我们看到了一路走来的沿途的心门，有的敞开着，有的半开半掩，有的还关着呢……

这是一个中国人的茶文化史，也是一个中国人的命运史。去读一读这部茶学与茶文化复合的专家学者的人生传记吧，读后你会沉思的，你会看到那片丰厚稳重的茶叶，在风中摇曳……

茶文化学科带头人

第五届茅盾文学奖得主　王旭烽

最近一次到杭州学院路姚国坤先生的家中看望他，见到墙上多了一副书法对联：

朗朗乾坤解渴方为真学问
悠悠家国饮茶乃是大文章

对联写得妙，不仅道出了饮茶解渴的普世意义，而且还有"乾坤"胸襟"家国"气度与"真学问""大文章"的境界，并暗藏着"国坤"的大名。

就在这副煌煌大联的对面，拥挤客厅的大木桌前坐着这位名叫国坤的老先生。他年纪大了，行动缓慢，撑着桌案、耸着双肩站起来，非要亲自为我倒茶，阻拦不得。茶很简单，酱油色的煮着浓浓一壶，20世纪90年代的老式茶杯里是无论如何用力都洗不掉的茶垢，桌案上堆满书稿，不设茶席。客厅里没有电视——他不是在写作就是在审稿，汗牛充栋的书早已堆不下，大部分都捐赠出去了，柜子里的奖杯、奖状、证书不是展示而是码放堆叠。这一切或许与当下人们对"茶文化"空灵高雅的想象截然不同。

因为姚老师长期伏案工作导致腰椎间盘突出，必须坐硬木凳子，他从晚年开始使用电脑写作，不会打字就用手写板，颤颤巍巍写出一个字再点击确认，就是这样春蚕吐丝，写就了中国茶文化两千余万字的文化版图。

我对茶文化的认知始于2006年，彼时中国第一所茶文化学院正在萌芽中，姚国坤先生是建院的元老，而我也供职于此，懵懵懂懂追随师长们投身茶文化教育、实践与研究。一个猛子扎下去，担斧入山，边学边做边观察，盲人摸象般渐渐摸出这个生机勃勃的茶文化时代的轮廓，似乎逐渐有了些感觉，试图厘清其结构、内核、思想、源流、外延……

却没想到茶文化在时代中的蜕变之巨，可以用"爆炸"一词形容。当下若打开微博、微信朋友圈，数不清的茶叶、茶人、茶事、茶友群，闪闪烁烁，层出不穷。茶简直成为一门"显学"，且是新兴产业、文化符号、阶层标志、时尚潮流、大师辈出、风雅玩物、资本运作、天球河图、金人玉佛、祖传丸散、秘制膏丹……无何不可，无所不能。如此的浩瀚博大，反使我辈所谓研究茶文化者目眩神迷，彷徨无措。

这让我重新想起要去寻访姚国坤这个人，他的茶学经验足够丰富、茶文化学养足够完备，他是这个茶时代的造就者之一，却又不为其所惑，终身都积极投入着热情，却又与外部的喧嚣浮躁保持着恰如其分的距离。

所谓寻访，不必找电话、找门牌，对于姚国坤，茶界大概无人不知，也十分好找。我认识姚国坤先生也有十多年了，他身上的智慧、学养，特别是对茶的学问，真是取之不尽、用之不竭，就像曼生壶中的井栏壶铭："井养不穷，是以知汲古之功。"他的人生是一口源源不断的井泉，只要我们真心求教，就像是从这口井中汲水，总能获得我们所需的资料与文献，或是一种与茶相关的时空与历史的坐标。茅盾文学奖得主、著名茶文化学者王旭烽教授的概括最为形象、生动，她说姚国坤先生是茶界的机器猫"哆啦A梦"，不管跟他要什么资料、信息，他总能马上从万能口袋里掏出来。

姚国坤是一位充满亲和力的可爱老头，前些年总戴着一顶红色八角帽，如今干脆光头亮相。要是统计他的面部表情，一定是笑脸最多，以至于他的面部肌肉结构与笑口常开的布袋和尚相似。他一开口说话，北方人可能需要翻译，口音七成是余姚腔、绍兴腔、杭州腔，还调和一点非洲马里国的味道，另外三成是普通话。但他嗓音洪亮，幽默风趣，特别是做学术演讲，中气十足，抑扬顿挫，威风凛凛。这一口极不标准的普通话不仅成为他的一个标志，更被他丰富的人生经历与学识酝酿成了一种魅力，全国乃至全世界都争相邀请他去讲学。

姚国坤1958年进入大学学习茶学，自1962年参加工作以来，直至1997年止，一直在中国农业科学院茶叶研究所工作，工作了36个年头，主要从事的是茶叶自然科学研究，获浙江省、农业部和国家级科技进步奖。1996年起，应浙江省政协原主席、中国国际茶文化研究会创会会长王家扬的邀请，一直在中国国际茶文化研究会工作，连续工作也有20多年了，主要从事的是茶的人文科学和社会科学的研究，充分表明姚国坤是中国为数不多的茶及茶文化两栖型专家学者。为此日本著名学者、静冈艺术大学校长熊仓功夫亲笔题词赞他为"茶界翘楚"，西泠印社"五老"之一的林乾良誉他为"茶界泰斗"。

对我来说，姚国坤先生却不仅如此，我这次企图寻访的是茶界一个具有时代意义和里程碑式人物的真实存在的全过程。我相信，有很多鲜活的事都隐藏在姚国坤一生笔耕而成的无数"章、节、条、目"的文字背后。我要寻访的正是一个从"学海"里升起来的人物形象。我要寻访的是对其个人生活史的一次重新观察，是个人与事件，个人与环境，个人与时代，个人与自我的关系；是由姚国坤的个体生命历程而勾连、统摄出的中国茶文化复兴的一段激变的历程；是姚国坤以及他的师友、亲人们几代人一步步建立起来的一个中国茶文化的精神家园。

从茶文化开始复兴至今的几十年来，学者们大量的工作是面向文本的研究，以姚国坤为代表的一批茶文化学者乐此不疲地对茶叶相关文献资料进行挖掘、整理、记录与研究，就像博物学家搜集标本，收藏家收集古董一样。他们皓首穷经地不断发现与茶相关的资料，穷毕生之力为未来奠定了学科基础。

现象学鼻祖胡塞尔认为"生活世界"优先于科学世界，而我也逐渐开始将兴趣转向茶人，特别是对姚国坤这样具有代表性的茶文化研究者，从"个人生活史"的认识层面加以记录和观察。现代社会科学无一不是在认识社会生活，只是从不同角度界定各自不同的研究对象，最终所关注的是人们在某一生活领域中的作为，这适用于"茶界—茶人"的相互关系。

姚国坤研究了大量的茶文化文本，而这部传记则是我们研究了他的生活。生活带给我们每一个人最鲜活、最本真的经验与感受，它有时远远大于茶文化的范畴，却又不能不蕴含其中，比如当姚国坤的人生之初连一杯茶都还没能喝到过的那些岁月，难道就没有了观察的价值与意义吗？茶文化联结着茶人的每一个生活故事，尤其是姚国坤的生活更是充分联结着外部世界、公共空间与历史叙事。甚至可以说，通过这个人物我观察到了被文本遮蔽的中国茶文化真实的发展过程。

这部传记并非只是如同墙上的对联所表达的宏大叙事与典范崇拜，而是耐心地理解这位人物的生命历程、价值观念和行为选择的微观历史，借此也就认识了产生其个人生活背景的历史大时代，从中发现政治、经济、文化等宏观变迁的轨迹，实现观察当代中国茶文化复兴的生成与演变的可能。

感受这位老茶人个人生活史的深度，也许就决定了对茶文化这门学问研究的深度，因此我为这部传记起名为"一个人的茶文化史"，本身意味着一种全新的视角。也许姚国坤先生的一生，正是他所有著作当中最重要的一部。

目录

序　　有一些叶片特别重要　　　　　　　王旭烽

前言　从个人生活进入茶文化史

第一章　山中有大茗　　　　　　　　　　　1

一、中国茶业复兴计划　　　　　　　　　1

二、瀑布山下　　　　　　　　　　　　　3

三、贫穷、饥饿、丧母　　　　　　　　　4

四、"精武门"总教练　　　　　　　　　7

五、我要读书　　　　　　　　　　　　11

六、春晖中学　　　　　　　　　　　　14

七、白马湖畔一少年　　　　　　　　　16

八、龙泉山下　　　　　　　　　　　　18

九、家乡的"金钥匙"　　　　　　　　21

第二章　以茶立命　　　　　　　　　　　23

一、当一年中学老师　　　　　　　　　23

二、1958年的高考　　　　　　　　　　24

三、我的大学　　　　　　　　　　　　27

四、庄晚芳先生　　　　　　　　30

五、从茶叶系到茶科所　　　　　35

六、李联标先生　　　　　　　　38

七、在棺材上睡了一年　　　　　42

八、去新疆　　　　　　　　　　44

第三章　非洲种茶记　　　　　　　51

一、中非的茶叶纽带　　　　　　51

二、巴黎印象　　　　　　　　　52

三、来到马里　　　　　　　　　55

四、茶树快发芽　　　　　　　　56

五、在非洲加入中国共产党　　　60

第四章　阿芳　　　　　　　　　　65

一、煞费苦心　　　　　　　　　66

二、终成眷属　　　　　　　　　69

三、笔墨情缘　　　　　　　　　72

四、操劳半世　　　　　　　　　76

五、相濡以沫　　　　　　　　　81

第五章　从茶学到茶文化　　　　　87

一、差点"当官"的茶学家　　　88

二、首著《中国茶文化》　　　　90

三、开启茶文化时代　　　　　　92

四、茶界翘楚　　　　　　　　　96

五、茶为国饮　　　　　　　　　100

六、三朝元老　　　　　　　　　108

七、"二坤"   109

第六章   茶香满路   115

    一、十万一斤龙井茶   115

    二、普洱往事   118

    三、福鼎白茶三年药   119

    四、乌龙茶与老茶仙   121

    五、后起之秀安吉白茶   123

    六、五千年茶树根   124

    七、茶墨共香   127

    八、茶禅一味   132

    九、推动产业的活动家   136

第七章   天下茶人是一家   143

    一、老朋友的茶树原产地考   148

    二、中日茶文化使者   151

    三、世界茶文化研究会   155

    四、中韩茶文化使者   160

    五、美国茶友的一百问   163

第八章   著作等身桃李天下   169

    一、首创茶文化专业   171

    二、首创茶文化学院   175

    三、著作等身   181

    四、中国茶文化学的奠基人   186

尾声   中国茶文化的缩影   197

附录 203

　　姚国坤履历 203

　　姚国坤获得荣誉 205

　　姚国坤出版著作目录（1984—2023年） 206

后记 212

第一章 山中有大茗

一、中国茶业复兴计划

姚国坤生于民国，彼时的中国茶叶是一种怎样的处境？正如当代茶圣吴觉农先生所言，还是一头"睡狮"，但"一朝醒来，绝不会常落人后"。

当时的中国，在学科层面还远远没有出现"茶文化"这个概念。从晚清时期，与中国茶叶羁绊而生的鸦片战争开始，内忧外患，民族危亡，茶叶这一"国饮"的历史也进入了数千年来从未有过的黑暗曲折。然而在以吴觉农为代表的茶人共同努力下，茶叶始终从国计民生出发，成为中华民族重要的物质与文化支柱。

1934—1935 年，吴觉农赴印度、锡兰、印度尼西亚、英国、法国、苏联、日本等考察茶叶的产销，考察回来后，吴觉农就与胡浩川 [①] 编著了《中国茶业复兴计划》，首次系统地提出发展中国

[①] 胡浩川：曾任中国茶叶公司总技师，重庆复旦大学茶叶系主任、教授、茶叶研究室主任等职。

茶业战略的设想。

紧接着，吴觉农牵头在中国各地茶区成立茶业改良场，如安徽的祁门，浙江的衢州，福建的崇安、福安，广东的鹤山，湖北的蒲圻羊楼洞等。

1936年9月5日，浙江农林改良场茶场在绍兴嵊县（今嵊州市）三界成立，吴觉农亲任场长。同年吴觉农的得意弟子，也是姚国坤的老师庄晚芳先生在祁门茶业改良场拟定《茶树品种改良暂行简易办法及实施规程》，这是中国最早关于茶树育种的方案。

1937年5月10日，中国茶叶公司在上海正式成立，这又是中国茶叶史上的一件大事。不久后，吴觉农与范和钧联手撰写的《中国茶叶问题》出版。这些都是吴觉农等一代茶人在《中国茶业复兴计划》提出以后，踌躇满志高效工作的成果。

《吴觉农选集》第一次编辑会议成员（三排左一为姚国坤）

仅仅两个月后，1937年7月7日，卢沟桥事变爆发，风雨如晦，中国茶业共赴国难，救亡与启蒙再一次复调叙事、双重变奏。

就在这一年的10月，姚国坤出生，家人唤他"阿坤"。

二、瀑布山下

一个人在海里游泳，身体接触到的海水很有限，但让他浮起来的，却是整个海洋。1937年前后，中国茶叶所发生的这些事件与刚出生的阿坤毫无瓜葛，然而又似乎大有关联。

吴觉农这位中国现代茶叶史上的宗师级人物是浙江上虞人，如今坐高铁，眨眼之间就到了紧挨着的下一站——余姚。论其古来，上虞的"虞"和余姚的"余"，奉的是同一个祖宗，"尧舜禹汤"的舜帝，舜就姓姚。

阿坤出生的地方是现在的余姚北部靠杭州湾南岸的小曹娥镇，当时属于余姚，后来一段时间划归到慈溪，现在仍属余姚。

茶圣陆羽在《茶经》和《顾渚山记》中，先后三次引用了《神异记》中的一则故事："余姚人虞洪，入山采茗，遇一道士，牵三青牛，引洪至瀑布山，曰：'吾丹丘子也。闻子善具饮，常思见惠。山中有大茗，可以相给，祈子他日有瓯牺之余，不相遗也。'因立奠祀。后常令家人入山，获大茗焉。"

这则故事成为茶文化研究的重要文献，尤其是写明了故事发生地在余姚，而有了特殊意义。著名茶文化学者王旭烽曾撰写论文指出："这条史料，短短几十个字，却完整地拉出了一条茶叶从品种、采摘、饮用，到茶人、茶俗、茶礼的完整路线图，横跨自然与人文，通达神仙与凡夫，见证了茶从物质形态如何上升到精神领域的内在过程。细细品味，意义实在是重大。它佐证了中国茶叶文明史上一个重要现象：余姚是中国茶叶文明链的滥觞之地。"

如果把姚国坤作为一个茶文化的"坐标"来研究，那么他就诞生于这样的时间与空间之中。

三、贫穷、饥饿、丧母

茶的故事神秘又浪漫，但现实却很悲惨。阿坤出生后，祖孙三代八口人住在三间破茅草房里，这种生存环境一直持续到1952年。

他的祖父姚春麟生前说起过，姚家祖籍为绍兴姚家埭（现属马山镇），清康熙时收复台湾的名臣名将姚启圣便是先人。后因家境败落，祖父青年时随几个兄弟外出谋生，来到当时同属绍兴府管辖的姚北杭州湾南岸，以晒盐为生。祖父成家后，生有二子六女，阿坤的父亲姚炳良是小儿子。

阿坤兄弟姐妹五人，分别取名菊大、国坤、美娟、国湘和国生。全家的生计除了靠二亩八分田以外，就是父亲做些肩挑的小买卖。后来才知道姚炳良通过为中国共产党游击队三五支队收盐，挣一点钱，勉强维系生活。

阿坤10岁那年，春节刚过的一个大雪天，他在姨母家玩。有个村里的富家子突发奇想，说这么冷的天，谁有本事赤膊穿短裤，淌过前面那条十来米宽的河，跑到前面百米开外的那条横路边，再原路返回，就给他五斤*大米的钱。众人听了起哄，阿坤就问："说话算话？"这富家子骑虎难下，从口袋里掏出钱押在桌上。这时姨母出来阻止："为了五斤米，难道不要命了！你敢胡闹，我

---

* 斤为非法定计量单位，1斤＝500克。——编者注

姚国坤 6 岁时与父亲姚炳良、母亲周杏花合影

父与子（前中为姚炳良，后排左起依次为姚国湘、姚国坤和姚国生）

告诉你娘！"可是五斤米的钱，要放三四天的牛才能挣到。阿坤脱下衣裤，甩掉鞋子，箭一般地淌过冰冷刺骨的河水，然后踏着厚厚的积雪直奔目标，又原路返回。姨母见拦不住，就将他的衣裤放在柴灶前烘暖，口中念道："罪过啊！冻得皮肉都红肿了！"阿坤则迅速穿上衣裤，得意地从桌上一把抓过钱，跑回家就把钱交给母亲。他非常自豪，等待着母亲的赞许，可是母亲知道这钱的来历后，眼泪直流，训斥他不懂事，宁可饿死也不能干这种傻事！说完又紧紧抱住儿子，母子俩痛哭了一场。这次的拥抱让阿坤终生难忘，在此后漫长的人生中，他无数次努力回味母亲怀抱残存在他皮肤上的温度。

每年的春天是最难熬的，因为新麦未熟，青黄不接。1948年春，家里甚至把做肥料的黄花苜蓿也拿来充饥，最后一筹莫展的父亲还是把未成熟的麦子提前割了，吃着心疼。而母亲又怀孕了，实在是养不起了，父亲请来接生婆用草药为引给母亲做人工流产，却不幸得了破伤风，两天后口吐白沫，不省人事，接生婆说这叫"破子进风"。父亲与村民们用桌椅当轿子，抬着送到六十里外的县城阳明医院。但家里实在付不起医药费，只好又抬回家中。慌乱之中的阿坤还记得母亲虚弱地说了一句："有命根固不死，无命妙药难医。"就这样，11岁的阿坤眼睁睁看着母亲撒手人寰，他幼小的心蜷缩成了一团。母亲只活了36岁，不得不抛下五个年幼的孩子。她的名字叫周杏花。

后来姚国坤的兄弟姊妹、侄儿侄女，全家共有七人先后成了颇有成就的医生，有的还在余姚市级医院里担任过重要职务，恐怕也与这段经历有关吧。

这段往事姚国坤从不对人说起，即便是我多年前为他做口述史访谈时，也只字未提。他始终只说乐观积极的事，给人一种一切都那么顺风顺水、谈笑风生的感觉。而我之所以能记录此事，也是由他写下来给我看的。他始终没有口述，更没有描写，人在面对自己最深的怆痛和最大的遗憾时往往是无法言说的。一个11岁的孩子正拥有了能够铭记一些事物的能力，可悲的是他所要铭记的恰是母亲的死亡，贫病无奈，像一根稻柴。

好在老天爷总算为五个可怜的孩子开了一扇窗。不久亲戚上门劝说父亲续弦，后来阿坤就有了一位继母，名叫王调英，也是做佣人的辛苦人。她不识字，但心地善良，一心待孩子们好。继母后来又生了一男（国平）二女（燕儿、八梅）三个孩子，如此阿坤就有了8个兄弟姊妹。为了抚养8个孩子，继母总是每天劳动不辍，每年光是做布鞋就得二十双以上。阿坤后来到上虞春晖中学念书，每天在石子路上晨跑，比以往更费鞋。继母每年专门为他做十双布鞋，全是一针一线缝出来的。

姚国坤回忆他的继母说："我们兄弟姐妹有今天，继母功不可没。她的为人也深深印在我们的记忆里。"她晚年时，阿坤每年回老家探望，兄弟姐妹几个都殷勤照料，报答养育之恩，继母一直活到90岁。

贫穷是一种被剥夺，生存、尊严、教育和自我发展都被剥夺，被谁剥夺了呢？年幼的阿坤并不知道，他的父母也不知道，正是历史和社会交织成的无形巨网捆住了他们。而他们只知道这是命运。一代茶人，不是从名门贵族走出来的，不是在"琴棋书画诗酒茶"中养大的，他起于微末如草芥一样的最贫穷的中国农村。

四、"精武门"总教练

在这个不识字的农民家庭中，却出了一位"异类"，这个人给了阿坤改变自己命运的基因。他就是阿坤的伯父，传奇的"武林侠客"姚电侠。

姚电侠原名姚炳水，12 岁就被他舅舅带去上海的一家工厂做童工。而这家工厂的隔壁就是清末著名爱国武术家霍元甲发起的"精武体育总会"，当时是霍元甲的儿子霍东阁在主持。那是当时中国最有名的武术团体，就是后来家喻户晓的影视剧中的那个"精武门"。

伯父做了一年童工，其间经常到精武门里学舞枪弄棒，霍东阁看他是个练武的苗子，就让他加入精武体育总会，从此走上了武学之路。

姚伯父称得上是武学奇才，勤学苦练到 20 多岁时，竟然就当上了上海精武体育总会的总教练。为了在上海滩扬名立万，他给自己改了名字，从此姚炳水成了姚电

伯父姚电侠

侠。阿坤问过伯父，为什么取名"电侠"？回答是："侠，是指有能力但不求回报地去帮助比自己弱小的人，这是一种精神也是一种社会追求。电，就是用疾风骤雨、电闪雷鸣般的方式出手，但不是出手伤人，而是出手助人，是一种无我的境界！"这番话细细品来，与金庸武侠世界中"侠之大者，为国为民"的思想有异曲同工之妙。

后来上海滩帮派纷争越来越厉害，姚电侠觉得有悖真正的武

学精神，不宜久留。而精武体育总会的霍东阁曾在南洋创业，势力在广东和南洋一带。于是姚电侠就带领一批自己的人马南下广东，在佛山出任精武体育会武术科科长，并荣获上海"义勇团"奖状，又兼任南洋交通大学武术教练，编辑出版《太极拳动作说明》等。

在广东期间他认识了后来的妻子，也就是阿坤的伯母聂宜莊（1907—1980）。聂宜莊是广东人，家境殷实，其父供职于京奉铁路局。1929年她毕业于设在天津河北省立的女子师范学院，在当时是一位有高等学历、才貌双全的女子。嫁给姚电侠后就随夫去了马来亚吉隆坡，后辗转南北，直至最终到余姚定居。

1934年姚电侠受精武会的委派，赴马来亚任吉隆坡精武会武术总教练，并与李佩弦、朱润身等武术名家

伯母聂宜莊

结为知交。第二次世界大战爆发后，马来亚沦陷，姚电侠决定携妻回到老家余姚的周巷定居。日伪军很快听说从南洋来了一个很厉害的人物，就来劝说姚电侠出面担任当地周巷镇的维持会会长。可是堂堂精武门的总教练，以侠义立身，怎肯当汉奸？而坚决不从，恐遭暗杀。这位身怀绝世武功的姚电侠洞悉一切，竟突然失踪了！他躲进四明山，再没有人找得到他。连家人也只能每

天烧香拜佛。直到时局平静下来，他又飘然下山回家，如同去时一样。

下山以后，当地关于拳师姚电侠的传说更是神乎其神，有的说他飞檐走壁，有的说他刀枪不入，有的甚至说他连子弹都打不进去。阿坤也问过这些问题，伯父哈哈大笑："子弹怎么会打不进呢？"有一种传说姚电侠用双手挡住急速前进中的日军吉普车：日本人在余姚城里开车目中无人，横冲直撞，经常撞死人，一次姚电侠正好上街买米，一辆吉普车朝他开过来，在无路可退之下，他凝聚全身力量，两眼一瞪，怒吼一声，用双手挡住了吉普车，日本军人吓得目瞪口呆，围观路人都来喝彩。

这些显然是因为姚电侠受人尊重而被附会上去的传奇故事，但伯父的武术确有非凡造诣，比如有一次他站在高高的门槛上，发功屏气，三个年轻力壮的小伙子拼命推拉，他却岿然不动。还有一次他用一根竹竿轻轻戏舞，突然竟徒手将竹竿撕裂。

抗日战争胜利后，姚电侠担任余姚中学的武术教师。而颇有才学的伯母聂宜庄则当上了周巷镇竞中小学的校长，新中国成立后，聂宜庄还当选为县人民代表。

浙江省体委对姚电侠也很重视。20世纪80年代初，省体委担心一些

年逾古稀的姚电侠演示猴拳

武术绝学失传，还专门把姚电侠从余姚请到杭州富阳鹳山，将他保留下来的《武松脱铐拳》《猴拳》等录制下来。之后，浙江日报对姚电侠做了专门报道，副标题为"记精武体育总会总教练姚电侠"，同时刊出其照片。伯父还创出一套《电侠短打拳》，于1986年刊登在《武林》杂志上。那个时期，马来西亚精武体育会还派人来中国专门寻找这位姚电侠，这些精武会的门人，见到这位当年的总教练，把他看作是活着的祖师爷，一个个跪拜磕头。

正是有这样一位传奇的伯父，让阿坤感受到穷苦偏远的乡村之外还有一个光怪陆离的大千世界，又因为有这样一位知书达理的伯母，让阿坤迷上了读书的滋味。姚国坤的身上除了有来自父母及继母的质朴底色外，还注入了伯父走遍天下的智慧与勇气，以及伯母那种文雅温柔的书卷气质。

五、我要读书

伯父、伯母告诉阿坤："要改变命运，读书是一条路子，它能管用一辈子。"这个念头在阿坤幼小的心灵中占据了全部的位置，他不知多少次在父亲面前说过："我想读书，我要读书！"当时阿坤想读书的道理很简单："为稻粱谋"，就是想吃饱饭，穿暖衣，摆脱苦难、贫穷的生活。至于读书以后产生的新知与理想，那是多年以后的事了。

阿坤家在杭州湾海滩，当地人以晒盐为生，生活最大的资本就是力气，因为晒盐是个力气活，对于读书是一种奢侈，想也没想过，以阿坤的家境，更是不能想。

1942年，阿坤还只有6岁，因为有伯父伯母的周济与照顾，他被送到离家20里外伯母任校长的周巷镇竞中小学求学。在那读书两年，伯母对他视如己出，生活上让他能吃饱穿暖，对学业却严格要求，每晚点着油灯盏陪着自己儿子与阿坤一起复习功课。姚国坤到晚年还清楚地记得，有一次学校师生集中在祠堂（学校就设在祠堂）听老师训话时，比阿坤才大两岁的姐姐忽然从乡下来学校看他。阿坤一见姐姐来了，也顾不得听老师讲话，箭一样蹿出队伍奔到姐姐身边。伯母走过去抓住他的衣领，毫不留情地训斥他不守纪律，不报告就离队，罚他面壁。事后伯母又语重心长地开导他，从此以后阿坤收敛起农村孩子的散漫，懂得了个人如何在集体中发展，可见伯母对他人格的形成有着深远的影响。

其实伯父家也只有两间半房子，住着六口人，生活并不宽裕。受了两年新式教育的阿坤又回到本地乡间的一所私塾读书，这也是当时乡里唯一一所学堂，设在一间农舍里，有二十多个学生，年龄参差不齐。先生是个五十开外的老夫子，穿长衫，着马褂，戴瓜皮帽，蓄着一撮山羊胡。学生倘要出去方便，就需去老师坐的方桌上，取戒方（长条形的木块）放在自己位置上，表示去"出恭"了。戒方只有一条，倘若前面的同学没有回来，那么你就得忍着。

至于课程，既无语文与算术，更无常识与美术，更别说音乐与体育了。学的是《千字文》："天地玄黄，宇宙洪荒。日月盈昃，辰宿列张……"先生把他叫到跟前，手提一支蘸有红墨水的毛笔，读一句就用红笔在书上画上一个句读，阿坤就赶紧跟着读一句，如此数遍，一堂课就结束了，没有一句解释。回到座位上，小和尚念经，整天就念这几句，次日上课，每个学生分别站到先生面前，背过身子，将昨天念的几句背诵出来，背不出时，先生拿起戒方，叫你伸出手掌，狠狠打一记手心。如果连续两日背不出，先生就叫你手臂伸直，按在桌角上，用戒方重打手心，这样更疼。

这种打手心的滋味，阿坤也尝过几次，他还发明了一种应对之法，在同学间广为流行。倘若自知今天背诵难过关，一早先将砚台搁在墙角的地上，那里最阴凉，等手掌被打得红肿发烫时，赶紧把那凉砚台贴在手心上，止痛消肿。

这样在私塾一年，乡里在娘娘庙开办了第一所新学堂。这座娘娘庙里供的是孝女曹娥。据说曹娥是东汉会稽上虞人。父亲溺于江中，数日不见尸体，当时曹娥年仅十四岁，昼夜沿江哭寻，找了十七天，在农历五月初五这天，曹娥仍不见父尸，于是投江自尽。又过五日，有人见曹娥抱父尸于江面，就此传为神话，后人依此建庙，慰其孝心。

托了曹娥娘娘的福，阿坤成了这所新学堂的第一批学生。开学那天，穿上母亲特地请人给他做的土布长衫，头戴一顶瓜皮小帽，早早起床，按旧俗头天上学不能吃早饭，肚子空空留着装学问，胸前还藏着一束小葱，寓意聪明开窍，将来有出息。走进学堂的第一件事就是跪拜孔夫子像，接着再向老师跪拜叩头，然后将母亲准备好的一篮切成小段的甘蔗分给同学，以示同学间甜蜜友爱。可见读书之不易，家人期许之殷切。

就这样一会新学、一会旧学，断断续续地把小学读完毕业了。新中国成立前夕，本该升入中学的阿坤还是因丧母之故辍学了。继母又先后生了三个孩子，家里实在穷得没办法，再读不起书了。失学之后的阿坤就给别人放牛，放一天牛大概能赚 2 斤米钱，勉强可填饱自己的肚子。他当时还不知道，原来茶圣陆羽的童年时代也是放牛的。

除了放牛阿坤与同伴在乡野玩耍，练就了一副好水性，成了抓鱼摸蟹的高手，左邻右舍给他个绰号叫"抲鱼老虎"。暑天几乎日日泡在水里玩，以致每年疟疾缠身。父亲见他又在河里玩水，举着长长的晾衣竿在岸上追着打，哪里打得着，"轲鱼老虎"早就一个猛子潜入水底逃走了。父母威胁不给他饭吃，终不忍心儿子挨饿而告终，他们心里明白，阿坤不是贪玩，只是没有书读。

六、春晖中学

放了一段时间的牛后，伯父姚电侠又飘然而至。他这次来对弟弟说："我们虽然家境贫苦，没有什么家产留给孩子，但你一定要想方设法给子女读书，这是火着不掉、贼偷不去，是父母赠予子女的最好家产！再怎么难，也要想办法送阿坤去读书！"阿坤的父亲是一位老实厚道的农夫，却深明大义，听了这番话后痛下决心，把家里本来想修破茅草房用的几根木料拿去卖掉。这样还不够学费，姚父又把家中仅有的一个菜橱也扛出去变卖，才勉强凑出了学费。

这回是去念中学了，不能没有像样的衣服，姚父从亲戚那里借了一块卡其布，为阿坤做了一件"列宁装"。放书的箱子是从农村供销商店要来的一只装肥皂的木板箱。可是还缺一双像样的鞋子，继母用土布当鞋面做了一双，但土布都是有花纹的，穿出去不像话，继母就借来墨汁把鞋面涂成黑色。阿坤穿着这双鞋，由二舅父挑着"肥皂箱子"和铺盖，走了八十多里路到邻县上虞驿亭，然后通过白马湖边的一条羊肠小道，终于来到了名校——春晖中学。等走进春晖中学时，汗水已经把鞋上的墨汁化开。追忆这段往事时姚国坤没有丝毫辛酸，他大笑道："那天鞋子一脱，一双脚全是黑色的，好像烤焦了的猪蹄子一样！"那一年是1952年初春，一切都是欣欣向荣。

上虞正是当代茶圣吴觉农先生的家乡，当时的吴觉农早已翻译出版了威廉·乌克斯的《茶叶全书》。中华人民共和国成立后吴觉农出任农业部副部长，很快新中国的中国茶业公司在北京挂牌成立，由他兼任总经理。随后他马上着手在全国开展茶树品种资源的征集工作，向 13 个省 270 个县征集地方品种 197 个，其中就包括了余姚和上虞。然而茶叶的严冬远未结束，1949 年全国茶叶的产量只有 4.1 万吨，出口仅 0.99 万吨，处于历史最低水平。1950 年开始，全国茶叶实行统购统销，苏联给中国的 3 亿美元贷款，将以茶叶等方式偿还本息。

这一切，当年的姚国坤还茫然不知，但他已在无形之中循着贤人的足迹前行。这双被墨汁染黑的狼狈的脚迈进的校门正是李叔同、夏丏尊、朱自清、朱光潜、丰子恺等近现代史上闪耀的文化名人都曾任教过的学校。春晖中学在中国近代教育史上是一个标志性的名字，由"五四"时期的大教育家经亨颐创办，民国时称"北有南开、南有春晖"。

虽然到了春晖中学，已经开学多日，能否正式入学还要经过考试。已经辍学三年的阿坤，倘若硬要通过考试，成绩根本进不去。当时的校长是后来成为杭州大学（后与浙江大学合并）历史系主任的胡玉堂先生，他开始有些犹豫，这孩子基础薄弱，是否让他入学？就找姚国坤来谈话。阿坤慌得连话也说不出，最后流着眼泪只说了一句话："先生，我要读书！请收下我吧！"胡校长当即叫来教导主任阮春芳（后来是浙江师范大学教授）一起商量，当场拍板，破例收了。胡校长的夫人章曼丽还是姚国坤的音乐老师，巧的是后来姚国坤到杭州工作，当年的胡校长与夫人就住在杭大南区宿舍，与姚国坤家一路之隔，时常可以探望。这位仁慈宽厚的胡玉堂校长着实改变了姚国坤的人生轨迹。

入中学的第一个学期，姚国坤果然跟不上，两门功课不及格，急得直流泪，生怕被学校开除。他拼命用功，天天看书，吃饭、走路、睡觉前都在想课本的知识。当时的伙食是八人一桌，饭管够，但几乎天天是咸菜烧豆腐，一个星期吃一餐红烧肉，那红烧肉吃起来真叫香啊！但姚国坤并不觉得苦，有饭吃已经很满足了。但营养毕竟不够，又缺少时间锻炼，过度用功使身体日渐虚弱，以致经常流鼻血。

第一学年寒假结束，正值开学时，大雪纷飞，冰雪铺路。姚国坤只穿一双草鞋，要顶风冒雪跋涉八十里去学校。祖父看孙儿虚弱的模样就说："算了，就别去了！这么苦、这么远、这么冷的天去求个啥？种田兄弟万万年，不读书在家种田又怎样？"姚国坤还是很坚定地上路了，靠一个饭团，从早上走到天黑，走了九个多小时才赶到学校。

因为走路时也在思考问题，所以姚国坤经常会"目中无人"，甚至撞人或碰壁，以至于有同学怀疑他精神失常，行动滞顿，背后议论他有些"痴呆"，像只"呆头鹅"。就这样如痴如醉地学习，到第二学期期末考试就只有一门功课不及格了，升到二年级时，成绩一直追到班级前 20 名，到初中毕业时已经排到全班前 10 了。

60 多年过去了，当年教过姚国坤的老师，他一个不差地记着——班主任吴兆栋，任课老师有邵近夫、濮洛伯、姚帮礼、金刚年、卢之一、章曼丽、陈光宗、王小松等。姚国坤毕业于 1954 年秋，是最后一届春季班，在校读书两年半，提前半年毕业，那时的春晖中学还没有设高中部。

七、白马湖畔一少年

就读春晖中学时的姚国坤始终是一个"书呆子"吗？在日复一日刻苦的时光中，他已经悄然长成为一位十七岁的白马湖畔翩翩少年了！

初二时成绩大进的姚国坤精神状态也变得活跃起来，不再是同学眼中的"痴呆"相了。班里有位姓阮的女同学，比他大一两岁，身材高挑，眉清目秀，待人热忱，对姚国坤更是特别好，两人很谈得来，亲如姐弟。

这位姓阮的美少女喜爱越剧，戏也演得好，特别擅长扮演女小生。背诵课本记不住，若是背诵剧本，一天就能把全部台词记下来，平日里曲不离口，随处可以听到她的哼曲声，越剧大概已融入她的血液之中。嵊州、上虞一带原本就是越剧的发祥地，春晖中学组织了湖风剧团，学唱越剧就好比现在的年轻人热爱流行音乐，时髦得很。阮和姚一起加入了剧团，她在剧团里很快成了台柱子。在越剧《梁山伯与祝英台》中姚国坤扮演了祝英台的父亲祝员外，而"女小生"塑造的梁山伯形象，简直把人物演活了，加上那婉约动听的唱腔，不但轰动全校，连周边的百姓也称赞不已，说她扮相好看，唱腔动听，演技动人。他们的戏还去学校附近的部队营房里慰问演出。在那个还谈不上影视剧的年代，这位"女小生"的魅力可想而知，简直是一个偶像明星。

当时大多数同学和老师都是住校的，而她家离学校相对近一些，每周六都回家，周日下午返校时总会悄悄给姚国坤带好吃的，有时还会带些红烧肉来。姚国坤母亲早逝，有这么一位姐姐般的女生真心待他好，那种来自女性的亲切和情窦初开的爱恋交织在一起。

初中毕业时，浙江越剧团正好要招男演员，姚国坤本想去考越剧团，不仅因为自己与父母都很喜欢越剧，更受到了春晖中学湖风剧团那段感情的影响。当年小学毕业后辍学期间，他还在乡间剧团里演过戏，真要是去考的话，很可能被录用，或许今天他就是一位退了休的越剧老演员了。但伯父又出来说话了，就一句话："学戏是吃青春饭，应该继续读书！"一经点拨，姚国坤立即备战高中的入学考试，当时全班能考取高中的还不到10人。在姚国坤人生早期的求学路上，伯父姚电侠始终是一盏指路的明灯。

而那位痴迷越剧的"女小生"没有继续上高中，也再没有机会发展她在越剧方面的才华。现实就是现实，梁祝的蝴蝶只得各自纷飞，她投奔了山西太原的哥哥，去那里找工作，就在远去的路上，她给姚国坤写来了一封长信，信上的邮戳是从上海发出的，等收到时已经隔了一个多星期，"女小生"已经去了太原。信里谈了两人读书时的情谊以及今后的打算。姚国坤也回了一封追忆往昔的书信，两人都表达了希望继续联系。然而远隔万水千山，也许她连这封回信都没能收到，信早已不见，人在何处也茫然不知，鸿来雁往亦不能，两地相思入梦遥。

八、龙泉山下

余姚城里有座龙泉山，相传宋高宗登临过，并在山上饮过泉，故名龙泉。半山腰有清代书法家翁庆龙所书"文献名邦"的巨匾，山中还有纪念严子陵、王阳明、朱舜水、黄宗羲四位余姚先贤的"四先贤故里碑"。1954年姚国坤从上虞春晖中学毕业后，就以优异的成绩考入了又一名校——当时龙泉山脚下的省立余姚中学。

余姚中学创建于1935年，是浙江省的重点中学之一，其实这所中学对姚国坤来说并不陌生，伯父在民国后期就一直在余姚中学任教。姚国坤的堂哥姚国辉也毕业于余姚中学，考入浙江大学物理系，后长期担任慈溪县（今浙江省慈溪市）教育局教研室主任，他教的物理课在宁波地区颇有名气。宁波市的老领导徐杏先称赞姚国辉："凡是他教出来的学生，高考物理不到80分，就算不及格。"

姚国坤入学时的校长叫王世瑄，接着是章亦平①，班主任胡泰序是数学老师，对姚国坤这位农家子弟尤为关心。因为当时余姚全县只有这一所高中，能上高中的学生往往一是家庭经济条件好，二是家长有文化，三是个人成绩好。这对农民子弟来说太奢侈了，能进去的是极少数。

高二第一学期，姚国坤就加入了共青团，在全校召开的入团大会上作自我介绍，并作入团动机讲演，这是他有生以来第一次在几百人面前演讲。他说了农民的出身、伯父的影响、求学的艰辛与学校的培养……在会场引起了轰动，他成了全校小有名气的人物，还当上了班里的劳动委员。班主任胡泰序老师是个瘦高个，话不多，做事认真，心地善良，与学生的关系特别亲，晚上经常会到教室或宿舍看望大家，甚至陪着大家晚自修。有一晚他找姚国坤谈话，从家庭谈到学习和人生目标，给予关心和鼓励，让他感到如同父亲关心儿子的成长一般。那次以后，姚国坤越发充满自信，不但学习更自觉，也更积极参加校园与社会活动，体育锻炼也不落后，凭着"抲鱼老虎"那股牛劲，跳高越过 1.47 米，三级跳远跳过 5.6 米，短跑 100 米最好成绩是 12 秒 3，在年级里也颇有名气。

20 世纪 80 年代初，已经参加工作的姚国坤穿着一套出国时专门定制的西装，戴了一条紫红色领带，回学校探望老师，却得知班主任胡泰序老师生病住院了，他特地满大街找花店，买了一束鲜花和一袋水果赶往医院。胡老师哪里还认得出来是当年的农家小子，怎么来了一位西装领带、手捧鲜花的外国人？感动得无以言表。其实那次是姚国坤第一次买鲜花送人，现在年轻人的第一

---

① 章亦平：后任余姚县副县长、县政协主席。

第一章　山中有大茗

19

束鲜花都是献给女朋友的，而他第一束鲜花献给了老师。

除了这位班主任，姚国坤当时的英语老师是钟子岩、化学老师姚石曾、生物老师吴迎谅、语文老师丁友德……高中毕业时，又承蒙章亦平校长厚爱，特地为他写了一封推荐信给慈溪县教育局的一位领导，促成他在慈溪周巷中学当了一年初中数学老师，解决了考大学前的生计。

无论是竞中小学、春晖中学、余姚中学，以及后来的浙江农业大学，姚国坤在每一次人生的十字路口，总会有可敬可爱的师长给予无私的帮助和引导，这对他影响深远，令他终身感恩，或许后来他兴办茶文化教育，正是出于对这份师恩的一种报答。

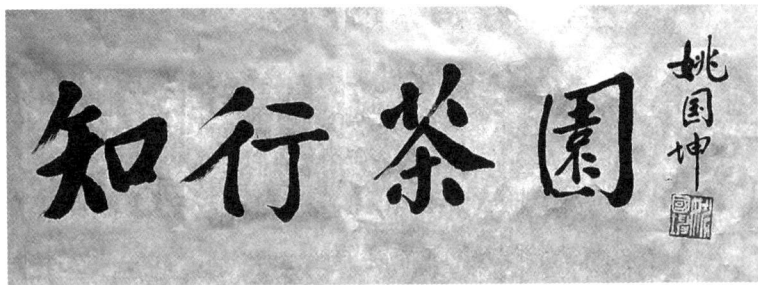

姚国坤为母校余姚中学内的茶园题字

2017 年，姚国坤被母校余姚中学请回，学校早已今非昔比，但教学质量依然在浙江省名列前茅。他听到年逾 90 的老校长章亦平先生依然健在，更感欣慰。他指导学校筹建茶文化兴趣小组，建立茶文化展示馆，开展乡土特色教育，并邀请中国国际茶文化研究会会长刘枫为母校题写"茶文化展示馆"的匾额。如今余姚中学的老建筑校史陈列室里，还有关于这位优秀校友姚国坤的介绍。

九、家乡的"金钥匙"

2013 年余姚市人大常委会表决通过，授予姚国坤余姚市"爱乡楷模"称号。余姚市人大常委会主任孙钜昌代表余姚人民赠予姚国坤一把"金钥匙"和一个"银盘子"并颁发证书，表彰他为建设家乡做出的贡献。在余姚籍的文化名人中，获此殊荣的还有作家余秋雨。

2019 年，姚国坤的出生地余姚市小曹娥镇曹娥村又聘他为"曹娥村乡贤顾问"。83 岁的他特地整衣修容赶去接受聘书，他激动地说："这里是生我养我的地方，终生不忘！"

在投身茶学研究的过程中，姚国坤才恍然大悟，原来他的家乡余姚是中国产茶的重地，出了历史上第一个有名有姓的名茶——瀑布仙茗，文化底蕴深厚。工作以后，宁波成了他调研最频繁的地方。从 20 世纪 60 年代至 80 年代，他与宁波林业局、余姚林业特产局的工作往来很多。从 20 世纪 90 年代开始，宁波地区的茶文化在全国、全省都很出色，影响波及海外。宁波是中国茶叶海上之路的起航地，余姚是全国第一个"中国茶文化之乡"，余姚的梁弄镇是中国最早成立乡镇茶文化促进会的地方。这些茶文化品牌都与姚国坤的帮助分不开，因此宁波市茶文化的老同志如郭正伟、徐杏先、殷志浩、胡剑辉、郑桂春、林宇晧、林伟平、汤社平、陈伟权等，余姚市茶文化的老同志叶沛芳、胡青、徐康林、朱宝康等，都是姚国坤的好朋友。2004 年，姚国坤与中日两国考古学家、历史学家、茶学家通力合作，认定余姚田螺山遗址出土的树根是栽培型茶树根，把人类人工种植茶树的历史由过去的 3 000 余年前推至 5 500 年前。

姚国坤获得国内、国际的荣誉不少，但他特别在乎这把家乡人民送的"金钥匙",钥匙是金的银的不重要,重要的是他和他的故乡彼此认可、彼此珍惜。这也证明着那些逝去的与活着的亲人——憨厚的父亲、早逝的母亲、操劳的继母,给予他智慧和力量的伯父、伯母,相亲相爱的兄弟姐妹,相濡以沫的同学少年,无私培养过他的恩师们——依然保持着一条血缘与精神的紧密纽带。

也许正是因为这样,少年离家求学后再没有回乡定居的姚国坤仿佛一刻也没有与家乡分离。还记得《茶经》中余姚人虞洪遇到仙人的故事吗?那位神仙丹丘子说余姚"山中有大茗",也许姚国坤就是其中那一叶神奇的"大茗"吧!

左起为王旭烽(著名作家、茶文化学者)、姚国坤、杨万里(时任余姚大岚镇镇长)、罗列万(浙江省农业农村厅首席茶叶专家)考察余姚大岚茶文化

第
二
章 | 以茶立命

一、当一年中学老师

高中毕业应该考大学，这在今天似乎是一种常识，但是在 20 世纪 50 年代这是一种奢望。不单是因为"千军万马过独木桥"的艰难，更重要的往往是贫穷的现实像一座五指山压在你身上，你很难做到看着几乎揭不开锅的家庭，而不尽早工作并施以援手。为此，姚国坤的内心经受着一番煎熬。

伯父姚电侠不仅是武术名家，还教子有方，一个女儿高中毕业，三个儿子分别于 20 世纪 50 年代初和 60 年代中毕业于现今的浙江大学、华东师范大学和杭州电子科技大学。特别是姚国坤的大堂哥姚国辉，1951 年还不满 17 周岁就考上了浙江大学物理系。乡人都说："姚家坟头冒青烟，鲤鱼跳龙门，我们这地方竟出了个大学生，还是个神童！"姚家人更是欣喜若狂。堂哥成了姚国坤的偶像，他暗下决心，考大学成为下一个梦想。

高中老师们都认为他考大学应该没问题。当年高考，哪像今天的场面，老师、家长乃至全社会都十分关注。没有老师的考前辅导和注意事项，先填志愿再考试。姚国坤对填志愿一无所知，更谈不上技巧，哪个大学有名，就填哪个。于是挨个把自己听到过的大学填了上去，清华、北大，还有哈军工、浙大。

然后他就从余姚县城跑到宁波市里去参加高考。当时他很想借块手表，好掌握考试时间，可是走遍全村都借不到。最先考的是数学，中间遇到一道几何题，其实添一条线就可以解出来，心一急卡住了，等解出这题后还有四分之一的考题没做完，铃声就响了，只觉得头脑"嗡"的一声，眼前漆黑一片。垂头丧气离开座位，觉得一切都完了，中饭也不想吃。之后的语文、化学、物理也变得无心应战，兵败如山倒，第一次高考落榜了。

自己受了打击，家里却并不在意，对家人来说高中毕业实属不易，也算是个不小的知识分子了，尽快找个工作，养家糊口减轻家里负担也好。但此时的姚国坤心中已经存了高远的志向，决定明年再考。但是这一年的生计如何是好呢？

这个问题解决不好，也许与大学从此无缘。多亏余姚中学校长章亦平爱才，不仅安慰、鼓励他明年再考，并修书一封推荐他到慈溪去教书，这样就可以边工作边复习。1957年下半年，姚国坤被慈溪教育局安排到周巷中学做了一名教初中一年级的数学老师。

二、1958 年的高考

很快 1958 年的高考就要开始，又要填报志愿了。这次填报志愿，姚国坤接受了教训，再也不会北大、清华的乱填。通过一年时间接触社会与深入思考，他对事业方向的选择有了全新的认识。

经过深思熟虑，他填上了第一志愿——浙江农学院茶叶系。

姚国坤进入茶叶系并取得后来的成就，绝非有什么家学渊源、文化底蕴。恰恰相反，当时的他根本从未喝过一口茶，是在海滩边喝池塘水长大的，甚至连茶树长什么样子也没见过，更不用说懂得茶这片神奇的树叶有着与中华文明等长的历史与说不尽的魅力！选择农业的大方向他是清楚的，但是农业当中选择茶叶还是有着命运女神的作用。他当时了解到浙江农学院的这个茶叶专业建立才五年，一定还很冷门。而茶叶作为农业中最可贵的经济作物之一，将来势必大有作用，肯定需要人才。三百六十行，行行出状元！自己只要肯吃苦，也许能做出一点门道。于是命运就将这位带着些质朴与憨厚想法的少年姚国坤与茶叶连在了一起。

岂不知茶叶之为科学是在风雨如晦、救亡图存时为国为民的大计。抗战时期，为了保存中华民族的读书种子，许多重要的大学向西南迁徙。北大、清华、南开迁址昆明组成西南联大，浙江大学西迁至湄潭，复旦大学西迁至重庆北碚。而中国的西南——云南、贵州、四川、重庆，正是茶叶这一物种的发源地。

1940 年，吴觉农先生与当时复旦大学的教务长孙寒冰先生就在重庆北碚建立了中国大学的第一个茶叶系——复旦大学茶叶系，从此茶学作为一个现代专业与学科开始发展。后来从梁实秋的回忆散文中才知道，刚刚建立了茶叶系不久后的一天，梁实秋与孙寒冰正在下棋，突然拉响了空袭警报。对于西迁的师生们来说"跑警报"实在是家常便饭，梁、孙二人跑散了，没想到就是那一次，孙寒冰先生不幸罹难，死于日军的轰炸。

1952 年，全国大专院校做全面的院系调整，1953 年以浙江大学农学院为主体，加上了之前复旦大学茶叶系的一部分，单独成立了浙江农学院茶叶系，一批中国当时顶级的茶叶专家来到这个专业任教。这个专业就是姚国坤填写志愿要考进去的地方。

1958 年是一个中国人都不陌生的年份，它与"大跃进"和"人民公社"联系在一起。这一年的 9 月 16 日，毛主席视察安徽省舒城县舒茶人民公社，并号召："以后山坡上要多多开辟茶园。"10 月 6 日，姚国坤将来所供职的中国农业科学院茶叶研究所在杭州成立。中国的茶业依然在复兴的路上。

1958 年再次面对高考的姚国坤已经与 1957 年参加高考时判若两人。之前，他的想法很简单，考上大学为了离开这个贫穷的农村，跳出"农门"，将来能吃"商品粮"，能帮助这个已经穷得不像样子的家庭。还有伯父已经考上名牌大学的两个儿子，怎么不令他好生羡慕？可是经历了一年的中学教师生涯与政治运动，姚国坤内心蕴藏的精神需求觉醒了、壮大了，他已经有了追求的目标——那就是他不仅要改变自己作为一个农民儿子的命运，他也想为其他千千万万的穷苦的农民做点事。

茶叶系同班同学合影（姚国坤，后排右六）

果然，这一次姚国坤以优等成绩考入了浙江农学院茶叶系，也就是如今的国家重点学科浙江大学茶学系前身。从此，姚国坤的茶叶人生开始了。

三、我的大学

1958 年 9 月初，姚国坤打好铺盖，带上一些简单的生活用品，步行 20 多里，从杭州湾海滩走到周巷，再从周巷乘汽车到县城余姚，然后平生第一次乘火车到达了省城杭州，从此也就阔别了家乡。等他到了位于杭州"华家池"的浙农校园时，太阳都快下山了。茶叶系的学长、学姐把他接进去报到入学。

茶叶系上实习课（中立者为系主任蒋芸生教授、右二为姚国坤）

不久，班上高考录取成绩公布了，姚国坤真没想到自己竟然是全班第一。加上他还有做过一年中学老师的经历，所以一开学就被老师宣布为班主席。那个时候大学是没有班主任的，更没有辅导员，一个班由三个学生形成一个组织来自行管理，一个是班主席，一个是班长，还有一个是团支部书记，叫作"班三角"，来领导班里的学习、工作和生活。

当时与姚国坤搭班子的班长叫丁可珍，后来当了杭州市副市长。团支部书记叫王振华，他是一个调干生，原本是浙江江山县政府里的一名机关干部，毕业后分配在宁波市林业局工作，后来英年早逝。其实，茶叶系里姚国坤的同班同学毕业后始终奋战在茶叶战线上的最后只剩下不到 10 位，多数都当"官"去了。除了丁可珍，还有王汀华当了浙江省乡镇企业管理局局长、郑梦骅当了金华市政协副主席、郑达炯当了温州市政府政策调研处处长。更多的同学是在县市人民政府的各个相关部门，大多当到局级领导，后来成为姚国坤夫人的陈佩芳也是其中之一。

大学时代的姚国坤很活跃，所以到大二的时候又当上了系里的学生会主席和校学生会领导成员，在学校里算得上是个风云人物。著名茶学专家骆少君①当时比姚国坤晚两届。她当年还特地约了七个女同学专门悄悄地去看这位一表人才的姚学长。她说想好好看看这个学长，到底长的是啥模样。

后来，骆少君在老师庄晚芳教授面前还说起此事，她打趣地说："原来姚国坤长得也没什么奇特的，说的是一口绍兴话，头是圆圆的，像个土豆！"庄先生立马打断她的话，笑着说："他很聪明，成绩很好，我很喜欢他，今后可不许这么说他！"

其实大学时代姚国坤与骆少君建立了很好的友谊，他还去过

---

① 骆少君：研究员，中国著名的茶叶品质化学研究专家，第九届、第十届全国政协委员。曾任中华全国供销合作总社杭州茶叶研究所所长，国家茶叶质检中心主任兼《中国茶叶加工》杂志主编。

骆少君师妹在杭州松木场的家里。这件事隔了五十多年后，两人碰面时，还经常引为笑谈。姚老打趣道："师妹是不是有点'意思'，当初怎么不给我递张'条子'，暗示我一下？"两人放声大笑。让人惋惜的是，一生贡献给茶叶事业的骆少君女士，于2016年病逝，享年75岁。

而姚国坤一生的挚爱，他的夫人陈佩芳就是他茶叶系的同班同学，毕业以后分配到杭州市特产公司工作，后来又调到西湖区好几个行政管理部门当干部。他们从大学时代开始风雨同舟至今，当年茶叶系同班同学里能够恋爱、结婚走到现在的就只剩下他们少数几对了。

大学四年，三十多门科目，姚国坤所有必修课考试成绩都在90分以上，先后两次学校组织全校学生集中在大礼堂，专门听他讲述如何提升学习成绩的报告。不过，姚国坤也曾笑谈过一件小事，说自己有一次茶叶生物化学期中考试，试卷上正面是选择题、填充题和问答题，反面还有三道思考题，他只用了不到半小时就把正面试题答完上交了，等教生物化学的卢世昌老师发现时，早已不见人影。虽然这次考试成绩并没有影响总成绩，但姚国坤也因此变得更加仔细。

姚国坤爱读书，他自己常说自己是个"杂家"，大学时代就喜欢看专业以外的书，30多门功课全优，与课外书看得多是有关系的。他高中时学的是英语，到了大学正处在"苏联老大哥"时期，整个社会风气是向苏联学习，因此大学只开设俄语课而没有英语可读。外语要死记硬背，那时他们正下放农村劳动锻炼，白天劳动，晚上政治学习，这样的情况下，俄语能考个及格就算不错了。但姚国坤有个习惯，喜欢跑图书馆阅览室，有一次见到阅览室书架上有本小册子，名曰《俄语》。其中有一篇用俄文书写的"波士顿倒茶事件"，并附有中文对照，他仔细地翻阅了一遍，也不把它当作一回事。结果，期末考俄语时，重点考题就是翻译这篇文章，如此便轻松获得优秀。此后几十年阅读更是触类旁通，运用资料自然得心应手。

这位一流的"学霸"，最终以全"优"毕业。在毕业典礼上，系领导宣布他留校工作，并且还将继续脱产学习，深造一年。经过长时期奋进的求知路程，姚国坤终于迎来了人生的转折点。

四、庄晚芳先生

说起庄晚芳（1908—1996 年），茶界的人都会肃然起敬。在中国现代茶史上，当代茶圣吴觉农之后被公认对茶叶研究、教育贡献最大的三位代表人物就是庄晚芳、陈椽、王泽农。而其中尤其是庄晚芳先生晚年致力于茶文化的推动。

就是这位庄先生成为姚国坤大学时代最亲近、也是对他影响最大的老师。从 1958 年到 1962 年，庄先生讲的课是《茶树栽培学》与《茶树生物学》两门主课。初入大学的姚国坤并不知道课堂上这位又高又瘦的老师是何许人也，在接触的过程中才慢慢知道庄先生的传奇。

庄先生是福建惠安人，他于 1934 年毕业于中央大学农艺系，民国时期就历任福建省农业改进所技师、福建省茶叶管理局副局长、福建示范茶厂总技师、东南茶叶改良场技正、福建农林公司总经理、福建协和大学教授。抗战胜利、台湾光复，他受国民政府委派赴台接收茶叶产业。新中国成立初，他又历任复旦大学、华中农学院教授，最终把事业与心血定在杭州，定在浙江农学院（今浙江大学）的茶叶系。新中国成立前，他就是中国民主同盟盟员，长期追随恩师吴觉农先生以茶叶报效国家，是一位铁骨铮铮的爱国民主人士。

庄晚芳先生是著名茶学家、茶学教育家、中国茶树栽培学科的奠基人，毕生从事茶学教育与科学研究，培养了大批茶学人才。特别在茶树生物学特性和根系研究方面取得了多项开创性成果。他长期从事茶叶研究与教学，在所著《茶作学》中，论述了中国茶树栽培的施肥制度和采摘方法，受到国内外学者的重视。晚年致力于茶树栽培理论和实践的总结、茶业的宏观经济以及茶文化史的研究工作，主编有《茶树栽培学》《中国名茶》，著有《茶树生物学》《饮茶漫话》《中国的茶叶》等。

庄先生的课讲得很生动，既讲理论，又做示范。姚国坤清楚记得他在华家池校区讲茶树栽培学时，亲自带大家到茶园里上课。在讲到茶树的器官根、茎、叶、花、果时，他为了不挡住学生的视线，竟长时间跪在地上，扒开茶丛，抹去落叶，教学生如何观察茶丛根茎的分布。庄先生这个跪着讲课的动作，六十多年来牢牢地印在姚国坤的脑海中。

而在生活中，用姚国坤的话说："我们是师生，但亲如父子。"

姚国坤参加工作后，庄先生依然很关心他，继续对他的科研工作加以指导。他

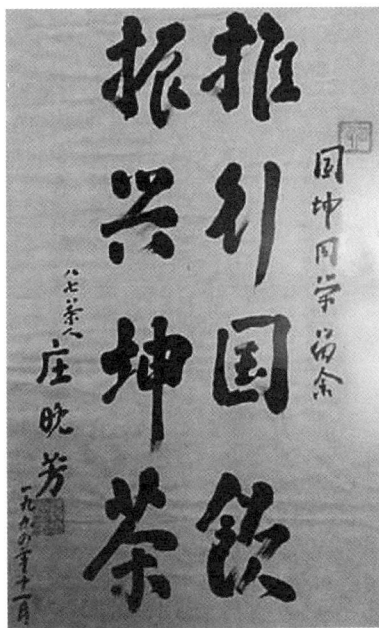

庄晚芳为姚国坤题词

每个月总要去庄先生家里看望四五次。1979年，姚国坤的夫人动手术在家休养，年过古稀的庄先生竟然在学生王家斌①的陪同下，特地从住处金祝新村出发坐着公共汽车，又步行来看望他们夫妻。两人既感动又不安地说："应该是学生去看老师，哪有这么大年纪的老师大老远来看望学生的！"

从20世纪80年代初到90年代初，庄晚芳先生开始对当代茶文化作开创性的研究，他不但是中国"茶文化"的首位提出者，而且还将中国茶文化的核心价值加以提炼，率先提出"中国茶德"的命题。他在1990年第2期《文化交流》杂志上发表的《茶文化浅议》一文中，明确主张"发扬茶德，妥用茶艺，为茶人修养之道"。他提出的中国茶德是"廉、美、和、敬"，并加以解释："廉俭育德，美真康乐，和诚处世，敬爱为人。"

姚国坤请教过庄先生："您过去的研究重点是茶树栽培及其生理，为什么现在把重心放在茶的历史文化上来了？"先生

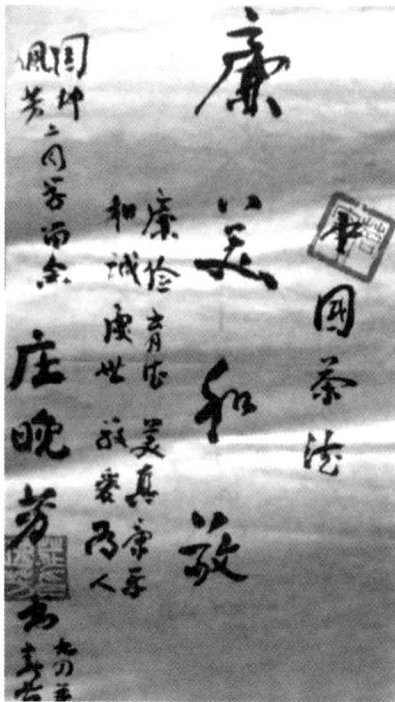

庄晚芳为姚国坤夫妇题茶德

---

① 王家斌：茶叶专家，曾任浙江省农业厅茶叶科科长。

回答："时代在前进，人也一样，要跟上社会发展的步伐，就要开拓，要有新的'东西'充实自己。"庄先生还教导姚国坤说："你搞科研也一样，一定要开阔思路，在传统基础上走新的路子，创造出新的东西来。"

正是受到这位恩师的启发，让姚国坤萌生了对茶文化研究的信念。从 20 世纪 80 年代后期开始，他时不时地去茶区深入调研，开始发表一些有关茶文化的文章。此后，更是一发不可收拾，成为庄先生在茶文化领域最重要的继承者。

1990 年以后，年过 80 的庄先生体力逐年不济，但奔忙了一生的他是闲不下来的。虽然出不了家门，总想听听外面世界关于茶的新动态。他每星期总要给姚国坤打一两通电话，每次都会说："我有重要事情，要找你谈谈，赶紧过来一趟！"其实姚国坤知道并没有什么"重要事情"，无非是大人想念孩子，陪他喝茶聊茶，但他每次都会尽快赶去看望。每次分别时，庄先生还要亲手给他几粒糖、几块饼干，叮嘱他带回家给孩子吃。

姚国坤与庄晚芳（左）研讨茶事

有一年冬天，姚国坤上午9点到老师家里探望，庄先生还躺在被窝里，保姆请姚国坤代为照看一下，赶紧出去买菜。庄先生急于起床解手，却行动困难。姚国坤就为他穿衣服，解裤子，提夜壶，庄先生感到不好意思。姚国坤说："论年纪，您与我爸爸差不多，是父辈；论关系，是我的老师，服侍一次权当是小辈对长辈的感恩吧！"他扶着风烛残年的先生，想起这位曾经孜孜不倦，愿意跪在茶园里讲课的老师，如今连解手都很困难，眼眶红了。再看看庄先生的家，这样一位大学者，狭小的房子里真可以说是家徒四壁。

常去看望庄晚芳的还有姚国坤的作家"师妹"王旭烽。她在随笔集《茶语者》中专门著文《晚芳精神一株茶》回忆了恩师庄晚芳。文中描写道："大学教师生活的质朴我是深有体会的，但庄先生的质朴还是超出了我的估计。我第一眼看到的就是庄先生手挂拐杖、清癯鹤立的身形，第二眼看到的则是他家门帘和窗帘上的补丁，第三眼看到的是庄先生家客厅里挂着的周恩来签字证明庄先生革命经历的文件。现在想起来，庄先生在杭州金祝新村的家，也就几十个平方米，水泥铺地，几件旧家具，说'身无长物'，一点儿也不夸张。这或许也是我精神上能够享受到茶人的最奢侈的礼遇吧。精神层面上极为富有的人，不需要物质层面的东西再来装点。他在那儿，站着，坐着，不说话，都是财富。一开口，财富就喷涌而出。"

庄晚芳与姚国坤这份师徒间的亲密关系一直保持到庄先生仙逝。姚国坤从一个不知茶为何物的少年，到走进中国茶叶最高的科研单位从事茶叶科研，并做出重大贡献，源于这位先生的教育；后来从茶的自然科学研究转入茶文化研究，又是受到这位先生的影响。

姚国坤从庄晚芳身上读到两个词："学养"与"人格"。

五、从茶叶系到茶科所

1962年姚国坤大学毕业时，浙江农学院已更名为浙江农业大学了，之后又并入浙江大学。

当时的大学毕业生都是"天之骄子"，国家保分配，老师特别青睐的就留在身边，姚国坤被定为留校任教，从此定居杭州。当时姚国坤的老师除了恩师庄晚芳先生以外，授课老师还有中国现代茶学奠基人之一、后任浙江农业大学副校长的蒋芸生，茶学国家重点学科第一任学科带头人、茶学学科第一位博士生导师张堂恒，1946年毕业于国立英士大学、著名茶叶生物化学家、浙江农学院茶叶系创始人之一的卢世昌，以及刘祖生等诸位教授，可以称得上是茶学教育"天团"了。

其中刘祖生先生最年轻，他生于1931年，比姚国坤大6岁，是茶学家、茶学教育与茶树育种栽培专家。长期从事高等茶学教育与茶叶科学研究，培养了大批茶学人才，育成浙农12、浙农113、浙农21、浙农25等一批茶树新品种，在茶树矮化密植速成栽培和苦丁茶资源研究方面取得显著成果。他还为创建中国第一个茶学博士点作出了重要贡献。

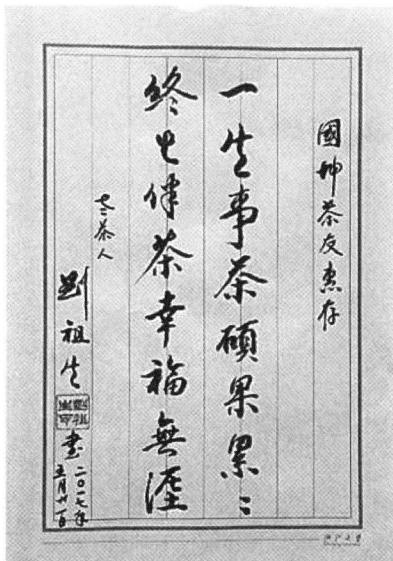

刘祖生教授为姚国坤题词

他当时是优秀的青年教师，夫人胡月龄也是当时系里的领导。此外，还有党总支书记赵学廉，后来成为中国计量大学的党委书记，他们都很器重姚国坤。姚国坤的留校任教，是他们共同推荐、商讨后定下来的。

姚国坤（右）与刘祖生教授（中）合影（左为江西省社科院首席专家余悦研究员）

那个时期还缺乏研究生这个概念，凡是留校任教的人都要再脱产读一年进修班，学习高等数学、英语、高级植物生理和物化胶化① 四门功课。就在这段进修期，浙江农业大学茶叶系与中国农业科学院茶叶研究所进行了"系所合并"。因此姚国坤进修期满后，并不是到大学里，而是去了位于杭州梅家坞七佛寺的中国农业科学院茶叶研究所报到上班。

———————

① 物化胶化：物理化学与胶体化学。

1958 年杭州第一个人民公社西湖人民公社宣布成立，那一年毛泽东主席在安徽舒城指着群山说："以后山坡上要多多开辟茶园。"9 月 1 日，中国农业科学院茶叶研究所就在梅家坞七佛寺遗址上的一间农家草屋正式宣告成立，蒋芸生受命担任首任所长。1964 年，又在同一个地方正式成立了中国茶叶学会。

中国农业科学院茶叶研究所（以下简称"中茶所"）是中国茶叶科学研究的最高机构，1956 年 6 月，由国务院科技规划委批准筹建，1958 年 9 月挂牌成立，1981 年，中茶所开始招收硕士研究生，1987 年开始联合培养博士研究生，1994 年独立培养博士研究生。姚国坤进入中茶所的时候，还属于创业早期，但是已经聚集了一大批顶尖的茶叶专家，比如陈宗懋先生当时已经在茶科所搞研究，后来成为中国工程院第一位"茶叶院士"。

当时的书记赵学廉、副书记胡月龄知道姚国坤是一个很有活力的年轻人，就指定他做了李联标的助手，拜李先生为师。就这样，姚国坤就坐进了又一位恩师的办公室，办公桌面对面，协助李先生做实验，下农村、去田间，一起搞科研。

当时所里选了几个年轻人重点培养，姚国坤跟着李联标先生，程启坤（后任中茶所所长）跟着阮宇成先生，阮先生 1942 年毕业于复旦大学化学系，长期从事茶学教学和茶叶生物化学研究，是茶叶生物化学领域的专家。还有一位是顾峥，跟着张堂恒教授，张先生是茶学国家重点学科第一任学科带头人，我国茶学学科第一批博士生导师，评茶一流，早年在美国威斯康星、路易斯安那、北卡罗来纳大学研究生院学习。

当时三位年轻人都是有过正式拜师仪式的，三位老专家的学问也悉数得到传承。顾峥与程启坤是同班同学，比姚国坤高两届，顾峥已经谢世多年。如今，程启坤和姚国坤成为茶界泰斗，都是杰出中华茶人终身成就奖获得者，被茶界并称为"二坤"。

六、李联标先生

而今茶界知道李联标这个名字的人可能不多，这与李联标先生为中国茶叶作出的贡献之大是不成正比的。

姚国坤刚进中茶所时，李联标先生任栽培研究室主任一职。当时，所领导明确表示，李联标先生作为姚国坤的导师，具体负责教育、培养和指导工作。

李联标（1911—1985 年）是一位从民国的风风雨雨中一路走来的科学家。但即便是在茶学这个非常专门的学术世界里，每一位学者的人生际遇都是不尽相同的。他是江苏六合人，1935 年毕业于南京金陵大学农学院农艺系。毕业后他与庄晚芳、张天福等一起建立了福建省第一个茶叶研究机构福安茶叶改良场。

1939 年我国东南沿海被日军占领封锁，茶叶出口受阻，国民政府欲在西南山区创建茶叶科学研究所和茶叶生产出口基地，意在通过西南国际通道打开茶叶出口。是年 4 月，李联标受经济部所属中央农业实验所和中国茶叶公司联合派遣，与张天福等茶叶专家赴贵州考察，在湄潭建立了我国茶业科技发展史上首个中央实验茶场。其间，李联标出任技术室主任，后又出任代理场长，主持育种和栽培试验研究，在此基础上，他结合调查考察，初步摸清了贵州茶树品种资源，发现了贵州境内的野生大茶树，发表了《茶树育种问题之研究》（《湄潭县志》印录）。那一年李联标不过 28 岁，是何等的意气风发，年轻有为。

1941 年珍珠港事件爆发后，海上交通阻塞，茶叶产销停滞。为给战后茶业恢复和发展积聚力量，李联标从 1942 年开始，又参与了福建崇安武夷山示范茶厂的建设工作。

抗战胜利后，1945—1946 年，李联标赴美国纽约康奈尔大学农学院进修，并在加利福尼亚理工学院生物学部从事研究工作，这个研究经历是难能可贵的。回国后，李联标在中央农业实验所任技正 ①，又兼任中央大学农学院副教授。

中华人民共和国成立后，李联标先生先在华东农业科学研究所，后在浙江省茶叶改良所、浙江省农业厅特产局工作，任科长、高级工程师等职，负责全省低产茶园改造、新茶园发展，以及绿茶改红茶等技术工作，都取得了很大的成绩。1958 年，他又受命参加了中国农业科学院茶叶研究所的筹建工作，并出任筹建组副组长一职。

李联标先生

---

① 技正：民国技术人员的官职，大致相当于总工程师。

1979 年开始，李联标出任农业部科学技术委员会委员，曾任浙江省茶叶学会理事长、中国茶叶学会副理事长。他主持编写的《中国茶树栽培学》让姚国坤担任责任编辑和主要撰稿人，还先后发表过《茶树高产优质技术》等数十篇茶学论文。20 世纪 80 年代开始，李联标又致力于研究生的培养工作。

总之，李联标一生事茶，先后参加过中国现当代四个国家级、省级茶叶研究机构的组建工作；在茶叶研究，特别是我国早期茶树栽培和育种研究方面，做了许多奠基性的工作；在培养茶叶科技人才方面，也有出色的建树。姚国坤就是他手把手带出来的一位好学生。

"茶人"之所以称为"茶人"，不只是因为以茶为乐、以茶为生或者以茶为业，更重要的往往是以茶为德。在姚国坤的心目中，不论是庄晚芳还是李联标，最要紧的除了学识与才华，就是人格与品德的高尚。李联标一生事茶，为人正直，敬业勤勉，做事认真，一丝不苟。

1962 年，李联标信心十足地投身于茶叶科学研究。他不但言教，还手把手地教姚国坤如何进行试验研究，如何撰写试验报告和科学论文。

1963 年底，李联标与姚国坤等几个年轻的茶叶科技工作者一起下放到浙江富阳农村，与茶农一起，一边进行低产茶园改造，一边参加农村社会主义教育。他们师生一起分住在茶农家里，与茶农同吃、同住、同劳动。每天一大早，大家就去野外捡牛粪、狗粪，白天又与茶农一起掘茶地，参加田间劳动，晚上还要到茶农家里进行家访，从中接受贫下中农的再教育。在如此艰苦的年代里，李联标从未在学生面前吐露过一句怨言，还真诚地与茶农交上朋友，促膝谈心，了解茶情，将田间当作茶叶实践基地。他这样一位大学者不是缺乏价值判断，而是干脆采取科学的精神与胸怀来化解现实的处境。

1964 年，李联标受农业部委托，主持并参加了对甘肃、西藏开发种茶的考察工作。当时他 53 岁，克服高原反应，深入甘肃的文县、成县，以及西藏的拉萨、林芝等地，了解当地气候、土壤、作物种植，以及历史文化、风土人情，为我国茶区西扩提供了理论和实践依据。今天，甘肃武都与西藏林芝都种成了茶叶，就是从李联标当年开拓性工作的基础上发展起来的。

李联标留下的珍贵照片

20 世纪 70 年代初，李联标又积极支持和参与了在山东实施的"南茶北移"工作。他先派出技术骨干去山东进行种茶实践，之后自己身体力行，亲赴山东进行技术指导。今天我们常常说中国最北的茶叶种植区域是山东的崂山、日照，已成名茶产区，那也与李联标的名字分不开，在新时期他为国家研究茶叶，培养人才做出贡献。

姚国坤在他的《图说中国茶文化》等书中经常引用到的关于贵州野生大茶树的黑白照片，就是李联标先生在贵州跋山涉水考察得到的。这些珍贵的照片下面都由先生用钢笔亲手写上大茶树的具体情况，是他珍贵的笔迹。后来李联标先生只回过一次贵州湄潭，重温自己曾经奋斗过的地方。这些照片一直压在他办公桌的玻璃台板下面，后来连同他的文摘资料，被姚国坤保存下来，每次看到这些茶树资料，就会想起先生清癯的容貌。

姚国坤在茶学研究方面的学术能力与取得的成果，与李联标的手口相传是分不开的，也是最为关键的。他们既是师生，又是同事，直到李先生 1985 年与世长辞，两人共同工作了整整 23 年。

2014 年，我与姚国坤先生、王旭烽教授共赴贵州湄潭参加研讨会，并考察了"中央实验茶厂"的旧址。看到了李联标先生曾经工作生活的场所——在一个古庙中，他曾经使用过的床铺与写字台都还在，落满了历史的灰尘。我们当场上去打扫，亲手掸去厚厚的尘埃。

七、在棺材上睡了一年

1963 年 10 月，初入中茶所的姚国坤作为知识分子要下田间，接受贫下中农再教育。历经艰辛、刻苦学习，让自己从农村走进大学、走进研究所的姚国坤还没工作几个月，又回到了农村。

他下放到浙江富阳的受降公社，与当地茶农"三同"：同吃、同住、同劳动，共同商讨进行老茶园改造事宜，晚上还要参与农村的"四清运动"。当时的各种运动名目繁多，所谓"四清"，前期是在农村中开展"清账目、清仓库、清财物、清工分"，后期又在城乡中开展"清政治、清经济、清组织、清思想"。

白天与农民在茶园劳动，姚国坤吃得起苦。但在茶园中一碰到实际问题，他这个在大学茶树栽培课考"满堂红"的学生就犯难了。大片茶园，土壤流失严重，肥力严重不足，再看满园有大有小、有疏有密、有高有矮、有健有弱的茶丛，如何改造？无从下手。那就还是得开会讨论，请教李联标先生和农民们。

其实村里还是很照顾姚国坤的，他的住家是个中农家庭，在当地的生活水平还算不错。按国家规定，他每在农家生活一天，要付给住家 4 角钱和 1 斤 2 两粮票。

二十多岁的姚国坤，刚开始在陌生人家里吃饭，有点拘束，不敢吃饱。住家以为他饭量小，到处说这个城里来的大学生肠子细，吃饭一碗半就饱了。其实，当时吃满满三碗饭对姚国坤来说也是小意思。可那时候食油、猪肉，甚至豆腐都是定量的，他是不敢吃饱，生怕吃饭超过定量标准。不吃饱，就受饥，实在饿了，偷偷吃半块未婚妻给他藏在手拎包里的绍兴香糕。

下放期间一个月工资 53 元，而当地一个全劳力的农民，劳动一天 10 个工分，也只有 5 角钱。所以，当他们每天一早起来背着畚箕去拾狗粪、牛粪时，农民就笑着说："如果我们也有你们这么高的工资，整天拾狗粪也愿意！"记得当时李联标先生的工资是每月 196 元，农民给他算了一笔账，每天早上拾狗粪大约需走 4 里路，约为 4 000 步，如此算来，他每走一步值 5 分钱，农民一个工分也只值 5 分钱啊！姚国坤就记着这句话，茶农的生活有多苦，农民有多苦，笑话说完是心酸。

不过，姚国坤与茶农也有欢声笑语。富阳当地人称老婆为"老娘"，有一次在茶园劳动，一位大嫂问他："姚同志，你几岁了？家里有老娘吗？"姚国坤马上回答："我 26 岁了，家里有老娘，快 60 岁了！"茶农们笑得前仰后合。

姚国坤从小过惯苦日子，白天劳动辛苦，吃不饱饭都能忍受，最要命的是晚上。先是要摸黑去各家走访，听"四清"情况汇报。回到住处，虽然累极了，却睡不着。因为住家给的是一张硬板床，搭在一口棺材上，而自幼丧母的姚国坤最怕黑暗，脑海里会经常浮现出母亲灵堂"作法"的那一幕。夜晚的山区各种动物的怪叫声，甚至是风吹草动与虫鸣，都会让姚国坤感到有个"东西"在跟着他，这是他从小烙下的阴影。何况他的身下是一口棺材，虽然是一口为老人准备的空棺材，也足以吓得他"彻夜无眠恨漏长"。但是在那个年代，又能对谁说呢？因为他是马列主义教育出来的科学家呀。

就这样，姚国坤在棺材上硬是睡了一年，才搬到一个小茶场居住。在下放的岁月里，经历是可贵的。姚国坤经受了磨炼，学到了许多茶园管理的实践经验，深切体会了茶农的苦难，也与茶农建立了深厚的情感。直到 1966 年 4 月，中茶所的领导下了通知，要派给姚国坤一个艰巨的任务，接受任务才能结束下放。什么任务呢？

去新疆。

八、去新疆

当今，去新疆是热门旅游选择，晒朋友圈属于亮点。可是要赶赴 1966 年的新疆工作可不是好玩的事。

新疆的面积有 166 万多平方公里，占全国国土总面积六分之一，是我国面积最大的省级行政区，相当于 16 个浙江。新疆北部是阿尔泰山，南部为昆仑山系；天山横亘于新疆中部，把新疆分为南北两半，南部是塔里木盆地，塔克拉玛干沙漠位于盆地中部；

北部是准噶尔盆地，多为草原和戈壁滩。境内居住有56个民族，边缘与8个国家接壤。

新疆大部分地区被戈壁沙漠覆盖，当地人多以畜牧业为主，多食乳肉制品。茶有助消化，还能补充因蔬菜不足而带来的维生素缺乏，因此几千年来，历代中央王朝都以茶为筹码，或赏赐、或监控、或以茶易马，从而掌控边疆。

中华人民共和国成立后，为改善和提高边疆少数民族人民的生活水平，尽管茶叶在内地实行统购统销政策，属于紧俏商品，但对边疆地区，边茶是保证供给的。当时的新疆也成为我国茶叶人均消费最多的省区。

1966年，新疆维吾尔自治区政府向农业部发出邀请，希望派专家去考察新疆是否具备种茶的可能性。4月，由浙江省农业厅经济作物局局长刘震带队，姚国坤作为技术人员，以及杭州市茶叶科学试验场的一位技术员，一行3人，与自治区农业厅有关人员共同组成了一个考察组，在听取情况，查阅相关资料的基础上开始在新疆全区范围内进行实地考察种茶的可能性。

当年去新疆若乘火车，顺利的话也需4~5天，第一天从杭州乘4个多小时火车到上海过夜，第二天从上海乘火车经3天3夜又4个小时到达乌鲁木齐。于是考察组决定坐飞机，但坐飞机要十三级以上干部才行，时称"高干"才有资格。姚国坤和另一位技术员只好向各自上级单位打报告，开具一张特殊证明，经批准才允许。

可是坐飞机也得三天。第一天出发，先4个多小时火车到达上海住宿。第二天上午八点多从龙华机场起飞，乘坐的是一架只能坐二十多人的小飞机。从上海起飞时，机上只有十几个人。因为大家多为平生第一次坐飞机，又好奇又害怕。恰好这个航班上有个空姐叫姚国秀，大家说笑："怎么你的亲妹妹是空姐呀？"姚国坤记得当时大家还问了不少傻问题，诸如飞机上有没有厕所？天上怎么认路？飞错了方向怎么办？

飞机沿途先降落在南京，再经郑州、西安停顿，到达兰州已是傍晚时分，机场派车又把他们送到甘肃省交际处过夜。第三天，从兰州出发，分别在酒泉、哈密、吐鲁番稍作停留后，终于在当天午后到达乌鲁木齐，住进了昆仑宾馆，当地人称它为"八楼"，因为这个宾馆有八层，是当时最高的建筑物。

到达乌鲁木齐的第二天，考察组按北京时间中午 12 点去宾馆餐厅用餐，结果吃了闭门羹，原来当时新疆实行的是乌鲁木齐时间，与北京时间相差 2 小时。

在自治区政府办公厅副主任玉素甫·莫明的精心安排下，专门配备了两辆苏联制造的嘎斯 69 吉普车，第一个目标就是去北疆各地调研考察。

姚国坤发现当地人对种茶的心情十分迫切，但是又缺乏对茶的基本认识。在北疆考察期间，有不少人向调查小组报料，说在某地已发现有茶树种活了。姚国坤激动不已，风尘仆仆赶到一看，哪是什么茶树？

除了阿勒泰地区以外，姚国坤跑遍了整个北疆。他们先从乌鲁木齐出发，花了两天时间经昌吉，过石河子新城，来到奎屯。从那里开始，在赛里木湖、果子沟、五台等许多认为有可能种茶的地方，一路访问座谈，搜集资料，实地检测。到伊犁州首府伊宁稍作休整和总结后，又重点考察了昭苏大草原和新源县的巩乃斯种羊场和那拉提草原。

北疆的考察结果是：这里土层深厚，土壤肥沃，但雨量偏少，土壤偏中性，当地绝对最低温在 -20℃以下，虽有厚雪覆盖，茶树存活依然困难，更无商品经济价值可言。

调查的同时姚国坤也见识了不少当地的风土民情。他还记得在北疆很少有人问津的一个叫吉利格朗沟的地方调查时，在一个地窝子①里访问了一对老夫妻。男的留着一脸白胡须热情地接待了他们，而女的则戴着面纱脸朝墙壁不说话。姚国坤提了两个简单的问题，得到的回答让他丈二和尚摸不着头脑。他问大爷的第一个问题是："今年多大年纪了？"大爷回答说："90岁了。"姚国坤觉得不可思议，这人看着根本没到70岁，又问："哪年生的？"回答更是出奇："麦子收割的时候生的。"原来当地人在结婚前年龄说得越小越好，结婚后年龄说得越大在村子里越有威望。至于出生年月，只能用周边发生的事情做记录。他问的第二个问题是："大爷，这里天气情况怎么样？"回答是："好，天底下这里算最好了！"原来大爷还没有跑出过这条沟，连县城在哪也说不清楚。访问只好就此作罢，转入野外调查测定了。

北疆不行，调头去南疆寻求出路。当时正值七月暑天，一路要穿过有"火洲"之称的吐鲁番盆地，尤其是盆地北缘的火焰山，全程约有100公里，气温最高达45℃以上。当时的汽车没有空调，考察组成员穿着背心短裤，后备箱里放了几个西瓜，敞开车窗，踩足油门往前冲，阵阵热风吹到身上，犹如火烧一样有刀割的刺痛感。冲过火焰山后，经焉耆，再去库尔勒、库车、阿克苏等地考察，又重点考察了阿克苏、喀什、和田三个地区。

每到一地都要从四个方面入手记录：一是去气象部门查阅气象资料，二是去土管部门征询土壤分布，三是实地测定土壤性质，四是调查访问当地百姓。南疆考察的结果，气候生态条件还不及北疆，姚国坤写了客观的调查考察报告：这里全属盐碱地，pH大

---

① 地窝子：戈壁地区的一种简陋的居住方式，即在地上挖一个大坑。

多在 8 以上，旱季时地面上会起一层白乎乎的盐花，这是种茶之大忌。何况，冬天气温多在零下 20℃ 以下，茶树无法忍受，会冻死。且年均降水量许多地方不到 200 毫米，多的也不过是 600 毫米左右，无法满足茶树生长要求。

于是，大家又从原路折回，直接翻过终年积雪结冰的天山雪海"冰大坂"[①]，重返北疆。

新疆各地老乡们的热情让姚国坤心里很温暖。老乡们知道他们是为新疆种茶而来，个个兴奋不已，人人都争着送茶让座，要为他们指路引导。特别是新疆各地都盛产苹果，姚国坤一路上总会收到老乡们的苹果。乡民还要看着他吃，问他好不好吃？当然好吃！然后他们就会跑好多路去摘更好吃的苹果给他尝，再问好不好吃？当然更好吃！临走的时候，乡民就给他们带上一筐"更好吃"的苹果，供路上食用，弄得姚国坤很不好意思。每当晚上考察小组结束了工作，能歌善舞的新疆乡民们总会弹起冬不拉，唱上一首动人的歌谣为他们助兴解乏。

考察小组回师乌鲁木齐，姚国坤通过分析比较，决定短中取长，再到伊犁州新源一个牧场进一步调查。他认为就新疆实际的自然环境以及现有的生产力水平，大面积种茶很困难。但希望还是有的，可以在伊犁州新源牧场试种一些。他把这个观点科学系统、实事求是地写成了《新疆种茶可能性报告》。

然而事实证明大自然还是没有被人的意志彻底改造。后来的试种表明，即使是在姚国坤选择的相对最适宜的土地上，茶树种下去后 5 月中发芽，至 9 月就停止生长，到冬季地上部分全部死亡，次年 5 月根部重新抽生，但只能如此往复而已。至于其他土地恐怕连茶树存活都很困难。即使是当今的科学水平和生产力，

---

① 冰大坂：山上终年积雪的厚冰层。

新疆种茶仍缺乏商品价值。

茶树虽然没有种成功，但姚国坤与新疆结下了缘分，2010 年 8 月，姚国坤接受新疆维吾尔自治区茶文化协会邀请，与浙江大学原常务副校长黄书孟一起专程去参加了新疆首届茶文化节，并由新疆茶文化协会秘书长李媛陪同，再次到乌鲁木齐、伊犁和吐鲁番等地调研考察茶文化。一晃已是四十多年，这次从杭州上飞机到达乌鲁木齐，只用了 6 个多小时。

直到姚国坤八十高龄以后，新疆的朋友还想着他，还在给他寄大红枣和"更好吃"的苹果。

2010 年 8 月姚国坤（左）重返乌鲁木齐参加茶文化节（中立者为黄书孟）

姚国坤从进入茶叶系那天起，茶成了他的专业；从进入中国农业科学院茶叶研究所那天起，茶成了他的职业；从下放农村劳动、独立考察新疆开始，茶成了他的事业；从受到庄晚芳、李联标等先生的言传身教后，茶更成了姚国坤的品格。

第三章 非洲种茶记

一、中非的茶叶纽带

姚国坤为什么会去非洲？事情要从头说起。

20 世纪 50—60 年代，非洲不少国家取得独立。新生的非洲国家都面临着发展民族经济、振兴文化教育的艰巨任务。

马里是非洲最早独立的国家之一，独立后立即与我国建交。我国政府也将马里作为援助的重点国家，在农业方面，首先帮助马里人民扩大水稻生产，兴修水利，种植茶叶和甘蔗。

马里气候炎热，高温天气让那里的人们养成了喜好喝茶的习惯。马里人习惯煮茶，将茶壶里放上半壶茶叶和薄荷叶在火上煮，煮好后再加入几块方糖，喝上三四小杯就把茶渣倒掉了。茶叶和蔗糖是马里的两大消费品，全靠进口，马里政府为了减少外汇支出，决定自己种茶和甘蔗。

种茶和甘蔗都需要适当的气候和土壤条件，对技术要求也较高。马里的前宗主国法国断言马里种不出这两种作物。作为对非洲友邦的援助，20世纪60年代中国政府承接了这两个项目。

中国是茶叶生产大国，也是出口大国，每年向马里出口数千吨茶叶。一个茶叶出口国帮助一个茶叶消费国种茶，这在西方国家是不可想象的，然而我们国家就这样做了。马里的领导人和老百姓获悉后，无不感动。

中国政府派去了有经验的种茶专家，仅花了一年多时间就试种成功，三年后马里开采了第一批茶叶。消息传出，马里全国为之振奋，当时的总统凯塔品尝后认为茶叶品质上乘。他还特意让我国专家加工了两筒，派人专程送给好友毛里塔尼亚总统达达赫，用实物说明中国是可以信赖的朋友。此举促使正在犹豫不决的达达赫总统下决心与中国建交。之后，达达赫总统又主动用自身的经历说服了5个非洲国家与中国建交。

中非友谊就是这样一点一滴积累起来的，茶叶的种子在异国的土壤生根发芽，中非友谊也在中非人民心里生根发芽了。姚国坤就是在这样的历史时期，作为新中国早期援非的茶叶专家奔赴非洲马里的。

二、巴黎印象

1972年底，姚国坤的大儿子刚满六岁，小儿子才三岁多。农业部正式下文，姚国坤以茶叶专家的身份派去非洲马里，这是他平生第一次出国。

临别那一天，妻子陈佩芳、大儿子可为、小儿子作为，还有邻居们都为姚国坤送行。汽车正要开动时，小儿子拉住车子，声嘶力竭地喊道："爸爸不能走，爸爸不能走！"那个年代去非洲，其实真有生离死别的想法，但他只能微笑地看着儿子，说不出话，生怕一说话眼泪滚下来，那像什么样子，赶紧让司机出发。

姚国坤去马里前夕与夫人及两个儿子摄于西子湖畔

当年能出国是很稀罕的事，出国前先到农业部报到，学习外事礼仪和所要遵守的纪律，并在北京制办好服装。当时，中国的生活水平还很低，物资短缺，为满足少数出国人员需要，国家特地在北京王府井开设了一家专做西装的制衣店，姚国坤有生以来第一套西装就是在那里定制的。至于随身带的那只航空皮箱，还是在离开杭州前到浙江省农业厅开了张证明，说明因出国需要，才从武林门杭州皮件厂仓库里提出来的。

穿上西装，拎着皮箱，用现在的话说是感觉有点"飘"。只可惜到达法国巴黎奥利机场提出行李时，心爱的皮箱被磨损了一个角，这让姚国坤心疼了一路。当时去马里，得从北京上飞机，经上海，过缅甸仰光、巴基斯坦的卡拉奇、法国的马赛，先到巴黎中转，一路上看到什么都觉得新鲜。

大家要在巴黎转机，需要住下来等待，于是有机会进入巴黎市区参观。姚国坤看到蜘蛛网般密布的立交桥，特别是凯旋门前的香榭丽舍大街上，这么多的车流在运转，为什么相互不会乱套？在中国驻法经济参赞那里，他第一次见到了电视机，绕着这个机器走了一圈，赞叹这声音和人像怎么从这个盒子里变出来的？见到那里用煤气烧开水，竟不知火种从何而来？为什么许多法国人都牵着一条哈巴狗，而且连狗都穿着衣服，甚至听说还有专门给狗吃的狗粮。

在法国巴黎经济参赞处

当时的中国只有极少数人能有这种出国看世界的机会。公派的出国人员家属按照军属享受待遇，每年春节，当地政府还会吹吹打打上门拜年，送一个日记本，封面上印着"为国争光"，另加几条带鱼、一块条肉。这在当年可是一种极大的荣誉。甚至连姚国坤继母的女儿姚燕儿，也因为哥哥是出国人员的关系，直接保送进护士学校读书并工作的。

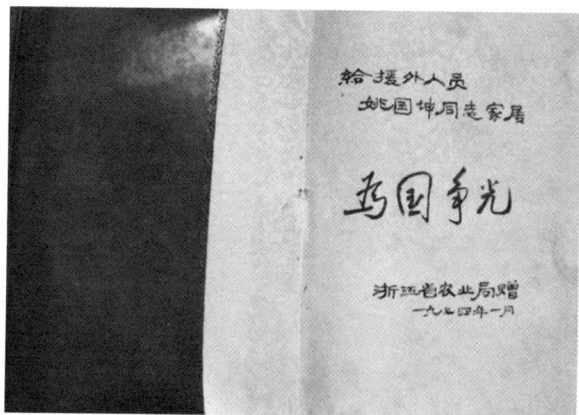

写有姚国坤"为国争光"的日记本

三、来到马里

1973 年初，姚国坤终于抵达了目的地——马里法拉果茶场，当地人的热情扑面而来，上来先给姚国坤套上一个花环。当天晚上马里锡加索大区农业委员会主任专门为姚国坤等人设宴开欢迎会。

在马里期间，姚国坤经常骑着一辆英国产的兰铃轻便自行车在田间穿行，对这些看似啼笑皆非的人和事默默地观察记录，有点像是人类学的田野调查。正是这些见识让作为自然科学专家的姚国坤逐渐对人文、社会科学发生了强烈的兴趣。

姚国坤总是记录下那些轻松诙谐的吉光片羽。然而，工作任务的艰巨与生活环境的艰苦却也不是时过境迁后的幽默感能够一笑了之的。中国专家与国内的家人通信每月一次，家信由外交部信使队每月连同报纸一起从国内送到马里首都巴马科，茶场派车取来。信使队在马里会停留三天，姚国坤要马上写好回信再送到信使队。为免除家人挂念，信里都是报喜不报忧。

在非洲的日子绝大多数是艰辛、枯燥的劳作，甚至是病痛的折磨。1974 年 2—3 月，姚国坤得了疟疾，高烧 39°C 以上一直不退。在非洲工作，持续的高烧是一个很危险的信号。在"青蒿素"还没有发明普及的时候，仅是被蚊子叮咬而引发的疟疾就夺走了无数人的生命。但他给妻子回信时，还是用颤抖的手和一贯幽默的口气写道："不要挂念我，我身体很好，老虎都打得死！"其实当时连写信的力气都没有了。他知道妻子一人在杭工作，还要带七岁和四岁两个孩子，辛苦可想而知，不能再让她担心了。

每月与家书一起送达的还有前一个月的《人民日报》，这几乎是姚国坤唯一的精神食粮，每个月都是苦苦等待，见字必读，就连报纸窄缝里已过期的北京天气预报也要一字不落地看一遍。那是身处海外的知识分子与祖国的血脉联系，也足见对祖国的命运忧患之深。

四、茶树快发芽

不论苦辣酸甜，命运中能有这样一段奇遇还是因为茶。在马里种茶也有不少困难。

茶叶专家组最初的组长并不懂茶叶，他是政府部门的一位处长，实际上是来管理他们这些专家并处理对外事务的。他们在马里外出都是"双人同行制"，既互相保护，又互相监督，单独离开茶场行动是被严格禁止的。姚国坤具体的种茶任务是什么呢？中国跟马里政府签订了一个条约，要为当地种植100公顷茶园，完成每年100吨茶叶的产出，这样才能移交给当地政府，才算完成任务。

我国最早是1966年派茶叶专家到马里考察，1967年湖南的专家就在那里试种茶叶成功，1968年马里茶场兴办起来，此后我国又继续派专家援助。到姚国坤去之前，马里的茶园面积大概已经接近100公顷了。在这一过程中，姚国坤的好朋友、云南省茶科所所长张顺高，以及姚国坤大学同班同学李宏国，还有后来云南勐海茶办主任曾云荣等做出了重大贡献。当姚国坤到那里时基础工作已经完成，茶园面积达到了100公顷，可年产量100吨干茶的任务还有待完成，当时产量大概只能到70多吨。所以姚国坤去之前，领导再三嘱咐，要再扩大一些茶园面积，一定要设法完成100吨茶叶产量的指标。

姚国坤首先骑自行车绕法拉果茶场一周，从田间管理到生产车间，把加工厂、水库、发电间、质检室、灌溉沟渠等相关设施看个究竟。与此同时，还对马方相关人员一一作了拜访与对接。他了解到马里茶场地处撒哈拉大沙漠边缘，茶园土壤基本上都是沙地，砂粒达80%以上，保水性很差，肥力低下，营养不足，这个是茶叶产量低的主要原因。再环顾四周，当地有大片的原始森林，有大量的牧草没有被利用。当地有不少人放牧，有的地方牛粪堆得如山一样高。姚国坤大喜，认为只要先把牧草和牛粪堆积起来，制成沤肥埋到茶园的沙地里，既能增加土壤的肥力，又能改善土壤理化性状，应该是能解决不少问题。

姚国坤（中）与马方技术人员交流

其实制作沤肥的原理和方法很简单，条件都有，但是做起来就难了。因为当地许多人不愿意，抵触情绪很大，他们认为把牛粪施在茶园里，长出来的茶一定是臭的，怎么能喝？！闻听此言，姚国坤哑口无言，那就只好先搞科普。他到处宣讲，告诉当地人牛粪的营养成分被茶树吸收后是会转化的，茶叶是不会变臭的，反而会变得更香更可口。讲得口干舌燥，效果仍不明显。于是，他就先把马方的中层以上技术干部集合起来上课，这些人不少都毕业于邻国的塞内加尔大学，是明白科学道理的。姚国坤鼓动他们应该站出来说话，让本地人去说服本地人。如此，花了很大的力气，马里老百姓终于同意让他在茶园里施牛粪试试看。结果当年见效，第二年开始，就顺利推开了。

茶园施肥的问题解决了，然后就是茶树养蓬的问题。姚国坤对马里的天气条件作了了解与记录，马里的气候条件与他生活的中国长江流域完全不同，这里接近赤道，终年炎热，没有春夏秋冬之分，只有旱季、雨季之别，所以一年十二个月，茶树都可生长采摘。特别是茶树开花，也长年不断，结出的茶果，还能留在茶树上继续发芽成长。在这种气候条件下，茶树普遍长到 2 米左右高。

马里种下的茶树都是浙江的鸠坑种和福建的菜茶种。之前是云南的专家在种，云南生长的茶树大多是乔木型的大茶树，所以他们种茶往往是按乔木型茶树的田间管理技术去管理的。姚国坤一看，很多茶树已经有 2 米多高，加上每条茶行间，都有一条宽 30 厘米、深 20 厘米的自流灌溉渠道，尽管黑人姑娘身高都达 1.7 米左右，但采茶依然不便。特别是树冠顶部新梢根本采不着，当然就会影响产量。他认为整片茶园需要进行树冠改造，重新台刈，把每棵茶树都砍到 80 厘米左右。

茶树从 2 米多砍成 80 厘米，这在国内熟悉的自然条件下是完全可以做的。但毕竟这是在人生地不熟的非洲，砍掉之后万一长不出来怎么办？如果一旦有闪失，如此巨大的经济损失和政治风险谁来承担？于是姚国坤着手做了大量的调查准备，查阅了当地的水文资料，研究当地的气候，查阅雨季和旱季时间，他都要摸索规律。万一茶树砍下来，紧接着是旱季，气温高达 40℃以上，那可就死定了。所以一定要在旱季刚结束、雨季快来临时进行修剪。做完了这些准备，有把握了，姚国坤准备先用 1 公顷茶地做实验。

姚国坤说出想法，马里人又不干了。于是，他又做了一番科普，给当地的技术员先讲课，再向大区的官员们报告。科普一圈之后他让马里茶农砍树，可他们还是不信，把茶树砍成短短一根秆子，怎么会不死呢？姚国坤只好明确说，你们砍吧，茶树死了不要你们负责，我来负责。工人们终于砍了下去。1 公顷茶园经过台刈之后，茶树几乎成光秆，叶子也没有了。原来绿油油的一片茶园，挺拔的茶树，美丽的风景都没了，专家组长也十分担心。

一个多月之后，这片光秆茶树真的一个茶芽也发不出来！这下姚国坤也急死了，因为在中国，不用一个月，新芽早就抽出来了。他每天都去仔细观察这片茶园，确实是一个茶芽也看不见，但茶树的秆子不干枯，拗不断，有弹性，说明树干内有水分，表明茶树并没有死，还可以等。但专家组领导坐不住了，他认定这个三十几岁的年轻人，没有实践经验，只懂书本理论，犯了大错，于是就向大使馆经济参赞处做了汇报。描述了现在茶树被砍之后，一片干枯，像火烧过一样的惨状。经济参赞问组长砍掉多长时间了？他说一个月多了，定是长不出来了，再不采取措施，就会影响中国专家组的声誉，还会影响中马两国间的友谊。

姚国坤知道如果茶树再不发芽，后果会是怎样？心中不免有些害怕，只好暗暗祈祷："茶树啊，快快发芽吧！"

姚国坤所在的马里茶场一角

五、在非洲加入中国共产党

中国驻马里大使馆听到汇报，决定派出经济参赞来检查工作，如果情况属实，姚国坤可能要受到相应处理。还好参赞并没有马上就来，距离这片茶园的修剪已经过去了近两个月，茶树开始发芽了，新梢齐刷刷、绿油油的长了一片。

经济参赞的小轿车来了，车上插着小国旗。参赞在全体人员的陪同下察看了茶园，马里官员与技术人员知道中国大使馆参赞来了，也都出来陪同视察。大家看到这片绿油油、齐刷刷的茶园俨然就是未来茶园改造的范例，都赞叹不已，马里官员竖起大拇指说："密斯姚！阿加伊戈斯佩！"意思大概就是"了不起"。参赞一看一听很高兴，马上说："小姚，长得这么好的茶园你为什么只做了一片啊？都改造掉吧！"100公顷茶园当然不能一口气都重新修剪改造，因为姚国坤做了精密的计算，一起修剪会影响一两个月的茶叶产量。后来分批、逐步完成了所有茶园的改造。

改造了茶园，下一个要攻克的问题就是产量，客观的原因是土地问题和管理问题，主观原因是当地人不太肯采茶，劳动一会就休息了。每天总会有几个当地的茶场工人在茶行中间睡大觉。

马里妇女采茶

姚国坤又分析之前一年产量70多吨，每个月的产量是怎么分布的，然后进行分段把控，每个月检查，如果当月产量达不到指标，死活也要催着当地人采到够为止。这项做法，得到了时任专家组长俞跃中^①的肯定与支持，姚国坤还让茶场会计跟着他去茶园，现场给采茶工付工资，采多少给多少。这一招非常见效，一年完成了103吨干茶，超额完成产量任务。任务完成后，专家组就把茶场正式移交给当地管理，姚国坤还被聘为马里农村发展部顾问。

由于姚国坤出色完成了国家交给的任务，参赞很高兴，提出可以特许他在马里加入中国共产党。当时在国内知识分子入党几乎是不可能，即使在马里这样的特殊情况，也还是引起了讨论。最后大使拍板说："姚国坤同志是援马有功之人，可以发展他入党！"

姚国坤（中）在马里工作日子里

---

① 俞跃中：原云南大理茶厂厂长。

越南南方工交部门积极恢复和发展生产

河内、海防、太平等北方省市发展小型工业和手工业取得良好成绩

新华社河内一九七五年八月八日电……

越南同菲律宾建交

新华社河内一九七五年八月八日电……

津巴布韦人民更英勇地坚持武装斗争

不怕反革命镇压 不上"和谈"骗局的当

新华社一九七五年八月十一日讯……

南非非洲人民大会集会纪念南非妇女自由日

呼吁南非妇女为反对种族主义而斗争

据新华社斯瓦士兰十九……

访莫桑比克新战士训练营地

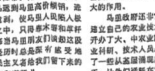

纪念比绍港码头工人大罢工十六周年

几内亚(比绍)首都举行群众大会

新华社一九七五年八月二日讯……

在马里工作的日子里

钮国玲

越达莫桑比克人民武装力量的战士在山坡举行集会。　新华社记者摄

　　出国两年了，大使馆给姚国坤批了两个月的回国休假，还要他继续去马里担任茶叶技术顾问。但姚国坤家里的情况已经十分困难了，只好请使馆领导谅解。由于国内一时找不到合适的人，回国时间一拖再拖，原定的两年援外任务一直延长到1975年7月才回国。回国时，大使夫人还特地到机场送行，并把姚国坤的情况报告给《人民日报》。姚国坤一回到杭州，《人民日报》就派出两名记者赶到杭州西湖边北山路的新新饭店采访他。这一年8月的《人民日报》刊出了姚国坤的署名文章，介绍了他在马里的事迹，题目就叫《在马里工作的日子里》。

第四章 | 阿芳

姚国坤叫妻子陈佩芳作"阿芳"，从年轻叫到老。他说："阿芳这个名字，我每天有事没事，总要喊上几十遍，百喊不厌。"他们牵手走过的人生，是标准的"相濡以沫"。按姚国坤的说法，他们夫妻俩过日子，犹如一双筷子，谁也离不开谁，辛酸苦辣一起尝，艰难困苦一起担。

高中毕业时的陈佩芳

中年时的陈佩芳

一、煞费苦心

回到 60 年前姚国坤的大学时代，他与阿芳是同班同学。我原本真想好好写一写 20 世纪 50—60 年代的大学爱情故事，是怎么样的"两小无猜"与"朦朦胧胧"呢？可是，姚国坤说自己一点也没有"朦朦胧胧"，他是煞费苦心，直奔主题才把师母追到手的。

考上大学的姚国坤心中就想好了两件大事，首先当然是要把书读好，在人前不能受人"白眼"，确立自己的事业，有一个好的前途。第二件事就是想找到"另一半"，幸福下半生。"不以结婚为目的的恋爱都是耍流氓"，可是姚国坤的父母从来没有与他交流过这方面的经验，作为一个刚刚冲破贫穷樊笼，从小经历了这么多压抑与苦痛的少年，他对美好情感的渴望是可想而知的。但他把感情的诉求与生活的、物质的诉求结合得踏踏实实，并在未来的人生中始终如一，可称作一种难得的现象了。

当时的姚国坤出身贫寒，但他并不自卑，待人接物一点也没有狷介之气，总是落落大方，特别是他的机智幽默，成为他一生为人处世的风格。此外，他肯奉献、守信誉，学习成绩更是骄人。因此不少女同学都对他有好感，有的接触紧密，有的紧追不放，有的暗中示好，有的远远偷看。还有的女同学直接向他表白，盯着不放，甚至连晚上做梦也喊着他姚国坤的名字，以致后来传为班上的"佳话"。姚国坤故作"高冷"，有礼有节又不失幽默的保持距离，其实他在认真的"反侦察"，有些女生高中时已名花有主，有的不合他的心意。经过一年多的观察和了解，姚国坤看中了陈佩芳。

阿芳是个美人，1 米 66 的个子，鹅蛋脸，两根麻花辫足有一

米长，能触到膝盖。她一直担
任系学生会的文娱部长，越剧唱
得动听，舞也跳得出色，见人总
是微笑。姚国坤看来看去看不
够，从阿芳身上他概括出一个字
"甜"。更重要的是阿芳遇事待人
都诚恳，没有一点虚情假意，是
一个值得信赖的人。

姚国坤下了一番功夫暗
中深入调查，竟然发现阿芳原
来从小由她母亲作主订了口头
亲，对方还是她的表哥。不过按
照新的婚姻法，近亲是不能登

刚入大学时的陈佩芳

记结婚的，何况这也是双方大人早年订的娃娃亲，并非阿芳本人
自愿，已无大碍。唯一的问题是阿芳迟迟没有注意到姚国坤，人
家没感觉。更何况"窈窕淑女，君子好逑"，君子也不是只有他
一个，竞争者不少。姚国坤踌躇满志，做好准备自愿参加"市场
竞争"。

他开始时不时地在阿芳面前露露身手，以引起她的注意。
有一次在阶梯教室上课，他见阿芳的两根长辫子拖到了水泥地
上，觉得机会来了，鼓起勇气，走到她身边将她的辫子提起
来，还轻轻地掸了几下，递还给她。这是他们第一次有了"身
体接触"，头发也是身体的一部分嘛！这个举动博得了阿芳的回
眸一笑，姚国坤激动了好几天，他想自己总算是进入了阿芳的
视野。

全班下放市郊茅草山茶场锻炼的时候，正逢星期天，姚国坤

第四章　阿芳

67

见阿芳独自拿着脸盆去池塘边洗衣服，连忙也抓了一个洗衣桶紧追其后。在池塘边造成邂逅的感觉，打过招呼后就紧挨在她身边也洗起衣服来。阿芳是一个心地真诚善良的女孩，看姚国坤笨手笨脚不太会洗，就干脆拿来一起洗了。衣服洗好后要拧干，是力气活，他急忙上前与阿芳合作，一件一件拧干。此时的姚国坤心都醉了，暗想她都愿意洗自己的衣服，看来离成功不远了。

两个人一步步走近了，就常常在一起探讨学问，晚自习自然而然坐到一起。姚国坤每次都在晚自修开始前预先在图书馆阅览室为她抢占座位。

大学毕业时的陈佩芳

一个假期结束，阿芳从天台老家带来了当地产的糕点，偷偷藏到姚国坤的床下，这比得上"美人赠我锦绣段，何以报之青玉案"，他吃在嘴里，甜在心上。两人的关系，虽没有直言表白，但已尽在不言中。

姚国坤的大学时代正是粮食短缺的时候，在校男女生每月定粮35斤，外加吃老菜皮及每月2.5两的猪肉过日子。由于当时要经常参加体力劳动，最多时姚国坤一餐可吃上一斤半粮票的米饭，创造了一生中饭量的最高纪录，平时实在吃不饱。于是阿芳每月从自己的嘴里硬是省下四五斤粮票给姚国坤，才让他不再挨饿。

姚国坤虽然获得甲等助学金，但每月也只有3元钱。阿芳的哥哥是1949年浙江医学高等专科学校（浙江医科大学的前身）毕业，早已参加工作，每月给妹妹寄5元生活费。阿芳为了让姚国坤的生活能得到一些改善，省吃俭用，每月挤出2元钱补贴他。

什么是浪漫？这就是浪漫。

二、终成眷属

阿芳是浙江天台城里人，大家闺秀。大学三年级的暑假，两人确立了情侣关系，姚国坤要以准女婿的身份去天台拜见未来的岳父母大人，过"丈母娘"那一关。两人从杭州出发，翻越曲曲折折的新昌会墅岭，坐了六个多小时长途汽车终于到达山城天台的城关，再下车步行六七百米，进了一条弄堂，见到一个大墙门，那里面就是阿芳的家。

进了墙门是一个大宅院，天井里鹅卵石铺地，中间一个大花坛。房子的门庭和门柱上雕刻着人物情节的各色木雕。走近一看，就连房屋的门板上，也雕刻着花草鱼虫各种纹饰。进了厅堂，两边布置着太师椅和茶几，中堂前放着八仙桌，靠墙一张大长案，上放官帽筒、笔筒、花瓶、镜子之类。两侧墙上，还悬挂着春、夏、秋、冬四时条幅书画，一看即知是书香门第。这对于姚国坤这个贫穷农家子弟来说充满了陌生感，顿时有了压力，生怕自己言行有失、举止不当，影响终身大事。

"毛脚女婿"上门心里一直在默念：礼品不能缺，表现要到位，讲话有分寸，举止不浮夸。一见到未来的丈母娘，就叫个不停，抢着干活。阿芳是父母的心头肉，为了迎接这个"毛脚女婿"，在那个特殊的年代里，他们不惜重金，以高出市场多倍的价格去黑市上买了20斤小麦，准备给这对小儿女做顿天台美食嚼饼筒，那是用面饼包住各种菜，卷成长筒形。

姚国坤脱了衬衫，穿一件背心就去推磨，劳动了两三个小时，汗流浃背，算是在准丈母娘面前好好表现了一番，终于成功赢得了一个好的开头。接下来姚国坤听说准丈母娘喜欢越剧，就把中学时代的底子拿出来，唱了一段越剧梁祝中的《回十八》，阿芳妈妈很高兴，夸他唱得有韵味。再后来，两人又陪着老人去电影院看当时最热门的电影《孙悟空三打白骨精》。由于看的人多，散场时电影院旁的弄堂里拥堵得水泄不通，挤得老人家呼吸困难。好在姚国坤年少力强，张开双手，挺住腰杆，护着老人家走出来，就这样丈母娘默认把女儿嫁给这个一无所有的憨小子。

姚国坤去过了天台，阿芳也得去余姚见见未来公婆。为了这件事，真是愁死了姚国坤一家。姚国坤家比较偏远，要从杭州坐火车到余姚五夫，接着改乘汽油船到泗门，再步行二十里路才能到达姚国坤家。这么折磨的路程，阿芳还是第一回。更让家人发愁的是本来家里就只有三间半破草房，屋漏偏逢连夜雨，一场台风吹走了姚家茅房的屋顶，这真是杜工部的"茅屋为秋风所破歌"了。姚国坤的父亲又气又急，心想好不容易要来准儿媳妇了，看到这么一副惨景，十有八九得吓跑了。谁知阿芳山高路远到了姚家，不但毫不嫌弃，反而好言安慰二老，嘘寒问暖，端茶倒水，送上红包。三个晚上睡在用门板搭成的床铺上也无悔无怨，还说："你们能住，我为什么不能住？以后我们一起努力，改善条件，争取建一座新瓦房就好了。"

姚国坤结婚没有向家中要钱，父母生活艰难，能让八个子女有饭吃，能读上书就已经是奇迹了，但做爹娘的总觉得心里有愧。1965年姚国坤和陈佩芳准备结婚，他的父亲竟然专程从农村赶来杭州，就是想对儿媳妇说声对不起，哪知还没开口，阿芳就先说："我俩结婚，二老不必操心，现在是新社会了，办个结婚登记就好，也不办婚礼酒席。登记后我们再登门看望爸妈。"老人临走时，阿芳硬是凑足了30元钱塞在他口袋里，说是补贴老家应急之用。老人家愁着来杭州，笑着回去了。父亲直到临终前还在念叨："佩芳这个媳妇心肠好，从来不嫌弃我们家里穷。"这一切让姚国坤心里感激。

1962年，姚国坤和阿芳参加工作，阿芳分配在杭州市供销社，月工资是52.5元，姚国坤的工资是53元，还要给家里每月寄10元，没有任何积蓄。到1964年姚国坤28岁，陈佩芳26岁，算是晚婚年龄，两人到民政部门办了结婚登记手续，有情人终成眷属。没有办喜宴，只是向亲友同事分了喜糖。1965年，多亏阿芳脚勤，向房管局足足跑了半年多，总算分配到了一间18平方米的公租房。买了二个凳子、一张床，算是有家了。吃饭的桌子还是一年后才买的。至于当时社会上流行的手表、缝纫机和自行车这"三大件"，更是可望而不可及的奢侈品。姚国坤也暗下决心，今后努力工作，让阿芳过上好日子。

姚国坤与陈佩芳的结婚照　　　　参加工作后的姚国坤与陈佩芳

三、笔墨情缘

阿芳的父亲叫陈颐生，在天台城里开着一家南北货食品店，阿芳的祖父陈涟，号鸣泉，是晚清时期当地一位颇有名气的画家，在《中国美术家人名大辞典增补录》中有专门记载，可惜早已离世，只留下几箱书画，搁在楼上墙角，其中还有不少画界同仁间的互赠之作。岳父岳母选了两张陈鸣泉自己的书画条幅送给女儿、女婿作为纪念，一张是紫藤秋色，另一张是桃花绽放，姚国坤感到至为珍贵，保存至今。

陈鸣泉画作

1992 年岳父家拆迁时，竟在岳母床前的镜框里发现了一张不起眼的插画，镶嵌在镜子底部作衬里。姚国坤也不知道是什么人作的画，只是很感兴趣，就拿来夹在书中，以后也就忘了。过了好多年，翻书时掉出这张画来，一看落款竟然是大画家"溥心畬"[①]。姚国坤做了一番考证才知，大约在 20 世纪 30 年代，溥儒曾游历天台山，由阿芳的祖父陈鸣泉作陪，二人结为好友，临别后溥儒特作小品一幅寄赠陈鸣泉。

姚国坤家现在客厅墙上还挂着一幅落着他与夫人陈佩芳上款的书法，字迹老辣雄浑，一直被姚国坤夫妇视如珍宝。那是著名历史学家陈训慈先生所馈赠的纪念品。

陈训慈是浙江慈溪官桥村人，后来划归余姚，因此与姚国坤也算老乡。他 1924 年毕业于国立东南大学，1932—1941 年任浙江图书馆馆长。1938—1940 年兼任浙江大学史地系教授，浙江大学龙泉分校校长。他是一位杰出的爱国人士，1931 年"九一八"事变爆发，他对日本觊觎中国典籍之心早有戒备。

1932 年 3 月，他在《文化之浩劫——为东方图书馆与其他文化机关之被毁声讨暴日》一文中指出："吾人以为国人今后，应惕于日人摧残文化之野心，对于文化事业之被侵害，亦视为国家主权之受损；珍护图籍之心，应与保我土地无异。而职司文化机关者，亦宜策万全之道，以防患于未然。"故而，当沪杭线上时闻敌机骚扰之声时，陈训慈就敏感地意识到，杭州文澜阁的《四库全书》有遭日寇掠夺的危险。1937 年"七七事变"后，时任浙江省图书馆馆长的陈训慈立即命总务组赶制木箱，准备将《四库全书》

---

① 溥心畬：溥儒（1896—1963 年），字心畬，别号西山逸士，是恭亲王之孙，末代皇帝溥仪的兄弟，近现代最为著名的书画家、收藏家之一，与张大千并称"南张北溥"。

迁移到安全区。同年 8 月 1 日，动员全馆职员点书装箱，总计阁书一百四十箱、善本八十八箱，于 4 日晨装船运往浙南，最后转辗运到贵州的山洞中，才躲过一劫。不仅如此，在他任职浙江图书馆期间，还积极推行普及社会教育与提高学术研究相兼顾的办馆方针，实行全日制开放，先后创办《文澜学报》《浙江图书馆馆刊》《读书周报》等，还联络浙江大学、浙江博物馆等创办《抗敌导报》，呼吁抗日。抗日战争中，他还组织抢运宁波天一阁 9 000 多册藏书到浙南避难，功不可没。

1976 年，姚国坤几次造访杭州龙游路上的小洋楼，陈训慈先生就住在那。当时和陈老住在一个院里的还有书法泰斗沙孟海先生。1980 年左右，省里还特地为陈老在浙江大学玉泉校区后门华侨新村提供了一套 90 平方米左右的住所，在当时算是很了不得的待遇了。姚国坤去新居看望，在他的书房里，见到郭沫若、沈尹默等大家专门为他题写的书画。闲谈中也进一步了解到陈老工古文诗词，尤精历史，是一本"活的历史词典"，使人肃然起敬。

1983 年春节，姚国坤的朋友送来两瓶"镇江陈醋"，这在物资匮乏、交通不便的年月算是件稀罕之物。正值同事绰文因身体不适在父亲家中休养，姚国坤夫妇就去探望。他准备给陈老捎上一瓶镇江醋，阿芳说："两瓶都送去！"哪知陈老见到这份礼品十分感动，他说："镇江醋是佳品，已经久违了！"还兴致勃勃地讲起镇江醋的来历。

后来陈训慈先生为姚国坤夫妇精心写了一幅墨宝，并让女婿铁钧送上门。因是余姚同乡，所以写的内容是"甬上诗人冯回风先生有舟过余姚感怀诗一律"，还特别注明"国坤同志乡兄之嘱"。以陈老的辈分而称其为"乡兄"，是一种谦卑。其下还注上"并乞正腕"，落款是"同邑陈训慈，一九八三年五一节"。

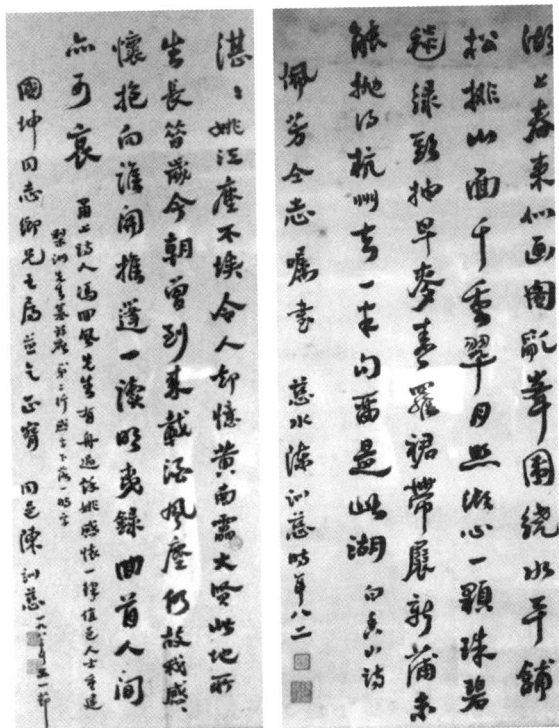

陈训慈书法

　　姚国坤带着阿芳登门拜谢时，陈老还不好意思地说："条幅没有写好，中间还漏写一字，在条幅中注明了。"并表示再重写一张替换。两人再三表示满足，不用再补。这时陈老指着阿芳爽快地说："待秋凉一些时给你夫人也写一张吧！"

　　没想到第二张书法很快就送到了，而陈老的女婿铁钧还很认真地对姚国坤说："我爸觉得给你夫人写的书法落款有问题，要重写。"原来落款中有"时年八二"几个字，姚国坤不解，陈老先生可不就是八十二岁吗？原来是陈先生觉得题赠之作，写上年纪似

第四章　阿芳

有倚老卖老之意，十分不安。姚国坤至为感动，从此不但学到了做人做事的一丝不苟，还体会到了古典文人的情怀。他要求千万不要再换，留着做永久的纪念吧。

姚国坤先生虽从事茶叶科学出身，却始终有一种浓浓的文人气质。他每次赠书题写上款时都十分讲究，给我甚至是给我的学生题字，都会写上"某某仁弟、仁妹雅正"。看来能与陈训慈这样一位历史学家有一段亦师亦友的交谊，潜移默化，对他在历史、文化上的认识与造诣产生了深远的影响。

四、操劳半世

1965年底，阿芳怀孕了，白天工作，每晚开会，为了节省时间狠心剪去了20年时间养起来的两根长辫子。1966年3月12日，第一个孩子出生，为了寄托两人对孩子的希望，取名可为。那一年的5月7日，毛主席做了《五·七指示》，党政机关干部、科技人员和大专院校教师等都要下放到农村劳动。

1968年10月，为了贯彻指示精神，阿芳也要下放，她当时已有四五个月的身孕，只好把三岁的儿子可为继续寄养到余姚农村婆婆家，自己挺着大肚子卷起铺盖来到杭州郊外小和山"五七干校"。1969年5月5日，姚国坤与阿芳的第二个孩子呱呱落地，取名作为。阿芳生下小儿子不到3个月时，就带着婴儿重新回到"五七干校"。在那一年多的时间里，白天上山背毛竹，下地挖田坂，孩子就放在山间地头看着。晚上收工回到宿舍，还要给孩子弄吃的、洗澡，逗孩子睡觉，当然还有大量的政治学习。有一天阿芳累得昏倒在田间，幸好被单位同事发现，背回宿舍后才幸免于难。

祸不单行，1972年姚国坤在茶叶试验田搞测定时被毒蛇咬了，被同事们送到浙江省中医院抢救，保住了性命，躺在医院走廊里三天，又是阿芳设法悉心照料，晚上就陪着丈夫在医院走廊的椅子上过夜，送药喂饭。姚国坤眼看着爱人的身体日渐消瘦，无言以对。

1972年底姚国坤又去支援非洲种茶，一走两年多，阿芳开始了独自照顾两个孩子的艰苦岁月。1973年老大、老二连着出麻疹，都是阿芳一个人看护照料扛下来的，每个月给姚国坤的信里还是说："我们娘儿仨身体健康，请安心工作，不必挂念！"直到两个孩子康复后，才告知真相。

阿芳每天早晨必须提早一个小时起床，再喊孩子起来，分别送到小学和幼儿园，然后急忙赶去单位上班。年幼的儿子总喜欢粘在妈妈身边，有一次儿子不想去幼儿园了，说吃根油条再上幼儿园，可吃了油条还是不肯去。眼看上班时间要到了，阿芳只好抱起儿子往幼儿园冲，二三十斤重的儿子又哭又闹、又颠又打，终于从她手中挣脱落地，当妈的吓坏了，回过神来，娘儿俩在幼儿园门口抱头痛哭了一场，哭完还是把他送进了幼儿园。

5岁的可为（右）和2岁的作为

　　姚国坤在国外工作给阿芳写信还问过一个琢磨不透的问题，当时 7 岁的大儿子在西湖小学读书，4 岁的小儿子在幼儿园，家里住在卖鱼桥，阿芳的单位在岳坟附近，每个地方的距离都不下二十里路。她一个人一辆自行车是如何带着两个孩子奔波运行的呢？阿芳在信里告诉他要"分段执行"，下班接孩子时先让小儿子留在幼儿园，她骑车到小学带着老大向家骑，骑到一半路程时，就把老大放在路边，叮嘱好不许乱跑，原地等着。再去接小儿子到家，然后再从家里出来接回半路上等着的老大。每天如此往复用双倍的路程接和送。把大儿子留在路边实在是无奈，当妈的每次都是拼了命地骑车，总是怕孩子就此被拐走不见了。有一次，老大不站在路边，故意躲在树丛中想逗妈妈玩，阿芳到时不见老大，一切担心、无奈、疲惫立刻爆发出来，急得当场在马路边大哭。大儿子吓得赶紧跑出来一把抱住妈妈大喊："妈妈别哭，我在这里！"

　　1974 年，姚国坤 63 岁的父亲检查出肺部有阴影，乡下的医院怀疑是肺癌。家人赶紧将父亲从余姚老家送到杭州看病，这事只能由阿芳承担。一间十多平方米的房子，连同父亲的陪同住了五个人。为了让生病的老人休息好，阿芳睡在地上。天还未亮，她就先去省中医院排队挂号，经过进一步检查，总算虚惊一场。她写信给姚国坤："告诉你一个好消息，爸爸肺部生的是一个结疤，与肺癌无关，可以安心工作。"她从不在信里提一句在这个过程中自己付出过多少劳累，但姚国坤心里很清楚。

　　1975 年 8 月，姚国坤终于回国与家人团聚，当他见到眼前的阿芳简直不敢认了，那个原本 1.66 米高，丰腴健朗的阿芳，竟变得形销骨立，病容憔悴，120 多斤的体重只剩下 90 斤。姚国坤一阵酸楚，本来准备了千言万语，也不知该说什么了，他一把抱住阿芳，眼泪止不住地流。阿芳却很淡定地微笑着说："你回来就好，身体慢慢会恢复的。"后来姚国坤的文章在《人民日报》发表，阿芳拿着报纸高兴地说："国坤，看来我掉了30斤肉还是有价值的！"

姚国坤回国时与家人团聚照

1976年，余姚老家的草房已成危房，急需改建。改建需要水泥柱子与钢筋横梁，那个年月上哪去买？还是阿芳有本事，托了供销社的朋友四处打听，买到了水泥梁柱，从杭州郊外运送到余姚老家。当三间瓦房建好时，那几乎是圆了姚国坤老父亲一辈子的心愿，他见到邻居亲友就说："这是大儿媳帮我建起来的，是从杭州运来的梁和柱。"

1982年一家人的生活状况逐渐好起来了，但组织上又下达了新任务，派姚国坤赴巴基斯坦考察建立茶叶实验中心，为期四个多月。当时两个儿子虽然在读中学了，但阿芳在西湖区商业局担任干部，工作非常繁忙，身体还是虚弱。姚国坤顾虑重重，犹豫不决。阿芳鼓励他："安心去吧，这也是一次锻炼的机会，非洲最艰苦的几年都挺过来了，还怕这四五个月吗？"在阿芳的支持下，姚国坤顺利地完成了巴基斯坦的考察任务。

姚国坤与夫人陈佩芳合影

从巴基斯坦回来后，1983年单位派姚国坤去河南新乡进行脱产学习，进修一年的英语口语。姚国坤在学习期间其实非常担心，因为阿芳的身体始终很虚弱，而单位让他学习英语很可能还会有出国工作的任务。果然，他在河南时阿芳又病倒了，连续高烧39℃以上，自己看病吃药瞒着丈夫不说。那一年学习结束后，姚国坤无论如何不敢再离开日渐病弱的阿芳，向单位报告了实际情况，这才没有被再次派往巴基斯坦工作。他要把阿芳的身体照顾好，就这样阿芳的健康状况明显改善了，工作也出色，先后担任了杭州市的西湖区供销社、商业局、粮食局领导，还被推选为区人民代表。

五、相濡以沫

少年夫妻老来伴。1995 年 4 月阿芳退休，1997 年底姚国坤也退休了，但依旧笔耕不辍。于是，他们夫唱妇随，夫人陈佩芳成了姚国坤的最佳搭档和助手。别忘了阿芳也是茶学系的同班同学，虽然后来离开专业做行政工作，可当年专业课程学得不比先生差。所以退休后，阿芳总会提供一些相关资料，有时还参加写作提纲的讨论。姚国坤每写一篇文章或一部著作，在发表前总会请夫人先阅读一遍，提出修改意见。姚国坤说："我的论文、著作，几乎都有阿芳的感悟和汗水，她是不署名的第二作者和第一读者。"

姚国坤的工作经历，大致可以分为两个阶段：1962—1997 年，以茶叶科研工作为主；1997 年至今，以研究和弘扬茶文化工作为主。1998 年开始，阿芳鼓励姚国坤学习用电脑写文章。姚国坤怕用电脑，因为小学在私塾里读，不会拼音，无法打字。于是阿芳就鼓励他学五笔输入法，姚国坤试了几天，觉得比用笔写字还慢，又回到稿纸上写。阿芳自己练上了，她心灵手巧，年近六十，却很快学会了打字，为此她成了先生的"书记员"。姚国坤每晚写方格纸，第二天由她在电脑上敲成电子文档，同时还修改了文稿。

在阿芳的鼓励下，姚国坤也跟上了时代的步伐，用电脑写书稿、做表格、做 PPT，成了一名"熟练工"。但长时间伏案工作让他的血糖升高了，医生告诫要控制饮食更要加强运动，再不注意就要发展成糖尿病了。可姚国坤每天一坐下来写作，就忘了时间。阿芳就成了他的"报时器"，每隔一小时提醒一次："老姚，该起来动动了！"后来为了加大"老姚"的运动量，阿芳索性在腰间挂上一个记步器，陪着他在小区院子里走路。为了每天行走 6 000～8 000 步的目标，阿芳制定的"路线方针"是：大路不走走小路，直路不走走弯路，近路不走走远路，除了风雨天、冰雪天，决不间断。即便如此，姚国坤的血糖还是居高不下。阿芳到处找良方，报纸、杂志、网页上有关于治糖尿病的注意事项和各种偏方土方，她就用红笔一一画出试行，每天的降糖药更是监督到位。

跑遍全国，去过世界许多国家的姚国坤从不挑食，但他最爱吃的还是阿芳为他做的麦饼，又香又脆。因为血糖偏高，要少吃米面，家里开始以玉米粉、小米粉、荞麦粉等为主食。阿芳为了让"老姚"爱上粉食，就换着花样为他做饼。

说到吃，姚国坤生在杭州湾海边，从小与大海打交道，最爱吃"海味"，说自己是属"猫"的。阿芳总是牺牲自己的嗜好，顺着"老姚"的口味来，常常"海味"不断，把他最爱的鱼送上餐桌。

姚国坤的老父亲在世时最爱吃茨菇和笋干，阿芳总是托朋友去福建带笋干，自己跑去"卖鱼桥菜场"买慈菇，她还记得二老喜欢吃豆酥糖、藕粉、荸荠。

除了吃就是穿，阿芳每年都给"老姚"精心挑选一双最能防滑的运动鞋。她知道丈夫常年在外讲学、考察，要确保安全，还要保持形象，为他购置各种衣服从不嫌贵，西装、羊绒衫、毛线衫、皮夹克、羽绒衣……几乎要把他"武装到牙齿"，即使花上几千上万元为姚国坤买一套衣服也在所不惜，那是她心里的骄傲。而她对自己总是说："年纪大了，只要穿得柔软、暖和就可以了。"

人过了70岁行动不再灵活，弯腰不自如了，阿芳就给"老姚"洗脚、剪指甲。刚开始时姚国坤觉得不好意思，硬要自己来，后来就"乖乖享受"了。1999年开始姚国坤腰椎间盘突出，痛得坐立不安，走路困难。阿芳安慰他："对这种病，心不能急，要慢慢来。"陪着看医吃药做推拿，一年多时间阿芳都是姚国坤的"拐杖"。

2011 年 10 月一个雨天，姚国坤从宁波出差回来途经绍兴服务站休息，不小心仰天跌了一跤。回家后，阿芳用毛巾给他热敷，又用云南白药不停地揉。从此姚国坤出门考察，阿芳都要他带一把长柄伞，一可挡雨，二作拐杖。如果两人同时出门，就互相紧紧挽着，阿芳给老姚当拐杖，而老姚就为视力衰退的阿芳当望远镜。

姚国坤与夫人在贵州普安考察茶文化

偶尔的休闲生活就是两个人看电视，但兴趣不同，姚国坤侧重于历史人文节目，阿芳喜欢看情感类电视剧。但她一旦见到报纸上有关于历史人文电视节目的预告，就会通知"老姚"作出时间安排，到时候也陪着一起看。就这么夫唱妇随五十多年，口角是难免的，常常因为儿孙的教育、生活发生争执，但是从来没有"隔夜仇"，因为他们有共同的价值观，对生活也有着共同的信念。

姚国坤父亲临去世前，他们连夜赶到余姚老家见上了最后一面。阿芳这个城里的"大小姐"，一样按乡间丧葬习俗，披麻戴孝送走了公公。2010 年，姚国坤高寿的继母也病重，阿芳尽管身体不适，还是常赶到余姚探望，服侍卧床的婆婆。

阿芳最满意的"成果"，除了辅助丈夫做出了一番学术事业，就是培养出了好儿孙。大儿子姚可为毕业于浙江大学，先在浙江省水电设计院任副院长，后在浙江锦江集团任设计院院长；小儿子姚作为毕业于浙江丝绸工学院（现为浙江理工大学），后在杭州海关工作。2018年高考，大孙子姚一著"一鸣惊人"，成了浙江省高考状元，就读于北京大学计算机工程与技术专业；二孙子姚远"人如其名"，远涉重洋赴西班牙马德里留学，就读于康普顿斯大学信息与文献专业。只有小孙子姚想还在上幼儿园，但也能给爷爷背诵上百首诗词呢。

姚国坤夫妇与孙辈在一起

两人金婚五十周年时，儿孙们非要让二老重温美好，补拍婚纱照。2020年初夏，著名书画家李茂荣感慨姚国坤夫妻牵手56个春秋，说是"翡翠婚"，欣然命笔"金婚嘉和"并题诗："华家池畔初携手，西子湖头赤线牵。著作等身名遐迩，香茗更赐三生缘。"

李茂荣题字

　　爱总是相互的，姚国坤对待阿芳也一样，按照孩子们的说法：
"爸爸永远是妈妈心中的'暖男'！"阿芳心目中的姚国坤是怎样
的呢？

　　"他总是在外面跑！年轻时去田间做试验研究，去农村做调
查，长年出差、出国；40岁后除了搞科研，还经常外出做报告；
50岁后除了出差还开始了写作生涯；60岁退休了，反倒开始了茶
文化事业，更是国内外满天飞；直至80岁以后，外出讲学、考察
的任务才逐渐减少。当年一个人最苦最难的时候，多么希望他能
在身边，心里哪有不怨的。可我们都是茶学出来的，想想茶的精
神，这么嫩的芽头采下来，又是炒又是揉，几百度的水里火里过
来，还要长时间的封藏，才有重新绽放生命力的机会。

　　"如今姚国坤埋头著书的时间依然不减，通常早晨六时起床，
早餐后七点半开始进入工作，中餐后休息到下午两点半，又开始
写作到五点半，晚餐后会再写作一两个小时，直到晚上十点看一
会夜新闻才休息。

　　"只有学生、朋友来探望时，他才得到了休闲时间。有时他会
亲自下厨露一手。特别是儿孙们来家时，他会讲故事，甚至学狗

叫鸡啼，让小孙子背着双手学自己走路，童心未泯。

"我们俩是因茶结缘，五十多年的日子里，他的每一天都是为茶奉献，茶也就把我俩连在了一起。"

阿芳是大家闺秀，在工作中是个埋头实干的好干部，在家更是贤妻良母，"上得厅堂，下得厨房，会摇笔杆，能掌饭勺"。

半个多世纪的风雨同舟、相濡以沫。姚国坤写过一段话："阿芳，你辛苦了！如果有来生，我们一定互换位置，我来做女人嫁给你，补偿今生今世你吃的苦。"

什么是姚国坤最浪漫的事？就是与他的阿芳在家里将一切喧嚣忙碌的生活和工作都安顿好，烧一壶开水，洗两个杯子，坐下来品茶。

因热烈的爱情而向往婚姻，在漫长的婚姻中感受生活的无奈与痛苦，这也许是人类共通的命题。能够集婚姻的伴侣、终身的恋人、精神的知音、事业的伙伴于一身的爱情是罕有的，在我们有限的视野中能想到的，比如钱钟

姚国坤与陈佩芳在农村调研

书与杨绛、沈从文与张兆和……姚国坤与陈佩芳的感情旅程比之前者并没有那么多浪漫与传奇，却也庶几近之，而对于他们彼此更是至珍至贵。

第五章 | 从茶学到茶文化

姚国坤的一生曲折、生动也平淡，但他人生中的每一个转折点都充满意味，是时代的意味也是茶的意味，很深刻也很隽永。20世纪末的中国，茶文化的复苏有赖于茶学专业的依托、茶叶产业的发展，以及一批茶叶科学家们对茶文化的推动，姚国坤就是代表人物之一。

"我先从事茶叶科学研究，尔后逐渐转向弘扬茶文化，前者属于茶的自然科学，后者属于

孙忠焕（左）与姚国坤

茶的人文科学和社会科学，两者都有几十年的工作经历，我觉得两者都很重要，就好比一个人的两条腿，缺一不可。"姚国坤的这番话可以说是 20 世纪末到 21 世纪初中国茶领域学科分野的最大特点。

中国国际茶文化研究会原常务副会长、杭州市原市长孙忠焕先生曾在"明州茶论"研讨会上说："姚国坤老师既是研究茶学的专家，又是弘扬茶文化的学者，是专家也是学者。"

一、差点"当官"的茶学家

1976 年 9 月，中国农业科学院茶叶研究所（以下简称"中茶所"）由中央下放至地方，由浙江省农业厅接管。姚国坤从非洲回到中茶所正准备好好做一番科研，却差点去"当官"。

当时浙江省农业厅准备调姚国坤去给一位省领导当秘书，并且已经把他的所有档案从中茶所调走了。姚国坤蒙了，"当官"跟研究茶叶怎么能是一回事呢？恰巧，这位省领导正好去北京中央党校学习，此事便暂时搁置了下来。与此同时，国家的各项工作开始走向正轨，中茶所重新由中国农业科学院直接管理。院里领导了解了情况，发现姚国坤的档案不在了，就要求把档案调回来，说什么也不同意放走这个科研骨干。于是他的档案又从省里"抢"了回来，随即担任了茶树栽培研究室的副主任，后又升任为主任。

1978 年底，中国百废待兴，尤其是科研工作成为党和国家高度重视的领域。中茶所栽培研究室的成员展开了集体讨论，结合当时全国茶叶生产的形势，以"浙江省茶叶大面积丰产优质的理论与实践"为研究对象，开展茶树栽培营养综合性研究。姚国坤终于能够痛痛快快地在他立志投身的茶叶领域大显身手，开始成为新时期茶叶科学研究的生力军之一。

1980 年初，中茶所以"茶树大面积高产规律及技术指标"为题上报中国农业科学院和农业部，经批准立项。这个课题研究几乎倾注了整个研究室成员所有的智慧与力量。就在做此重要课题期间，1982 年姚国坤与时任栽培室主任胡海波、土壤专家王志华接到重要任务，帮助巴基斯坦建立"国家茶叶实验中心"，相当于巴基斯坦的国家茶叶研究所。

姚国坤在巴基斯坦伊斯兰堡

在巴基斯坦工作了一年回来后，姚国坤继续全身心投入他主持的科研课题，从茶叶物质积累与消耗入手，以产能最大化为前提，对茶叶大面积丰产的途径、优化型茶树的形成以及茶叶品质调控机制，作了较为深入的探讨与摸索，在研究室科研人员的通力合作下，经过五年的努力，在 1987 年该课题终于取得成果，姚国坤以第一完成人的身份与全体项目组成员获得了农牧渔业部科技进步三等奖。

然而，姚国坤最大的遗憾就是指导他这一切的恩师李联标先生没有来得及看到学生的成功，已于 1985 年病逝。姚国坤接替了恩师的工作，后又出任中茶所科技开发处处长。随后又出色地完成了国家重点课题"全国红黄壤土壤改良和利用"。

在中茶所工作的 36 年中，他先后获得 4 个国家级、省部级科技进步奖，取得 6 项科研成果，是茶树栽培学科带头人。国务院为了表彰他为农业技术方面做出的突出贡献，批准其从 1993 年 10 月开始享受国务院政府特殊津贴。

除了课题攻关，他勤于积累总结、理论提升，撰写了大量的茶学著作。1985 年，中茶所组织全国茶树栽培专家编著《中国茶树栽培学》，姚国坤是主要作者和组织者之一，后来又被选派到上海科技出版社担任特约编辑。一年后这部 70 余万字的《中国茶树栽培学》问世，受到茶学界瞩目，至今仍然是茶学的经典之作。

紧接着上海文化出版社编辑室主任王存礼来到中茶所，希望能出版一部百科全书式的《中国茶经》，得到时任中茶所所长陈宗懋、书记程启坤的全力支持，决定由已经具备一定经验的姚国坤起草提纲。此后经多次讨论修改，由陈宗懋所长担任主编，程启坤、俞永明等为副主编，组织全国几十位学有所成的老中青三代专家共同编撰，姚国坤是主要的执行编写者。

书稿完成后，姚国坤又到了位于上海绍兴路的上海文化出版社协助完成全书最终统编工作。花费了大量的时间和心血，该书一直编撰至 1992 年 5 月才正式出版，先后重印了 20 余次，影响深远，并于 1997 年获得农业部科技进步二等奖。至今，这部作品仍然是从事茶学教学科研工作者书架上必备的工具书。

其间，姚国坤还与同事合作编著出版了《茶树高产优质栽培新技术》《茶叶优质原理与技术》《新茶园开辟与管理》等著作。

二、首著《中国茶文化》

从茶叶科学家成为茶文化学者，这中间其实还有一个关键的环节，那就是茶叶科普。姚国坤在上海文化出版社工作的一年时间里，在完成编辑工作的同时，还开始学习写书、校对方面的知识，甚至学习如何避免那些易犯的错别字。一位茶叶科学领域的专家，以一个小学生的心态开始钻研编书之道。

而出版社的朋友们在工作中，又常常向他请教饮茶的问题，比如茶为什么历代受到人们广泛欢迎？饮茶究竟有哪些好处？喝红茶好还是喝绿茶好？怎样沏好一杯茶？如何区别陈茶与新茶？……这些问题在20世纪80年代都很新鲜，姚国坤也发现他多次接待上级领导和海外宾客，几乎都会提出这些疑问。编辑们还经常问他一些国外种茶和外国人饮茶的见闻。因此，《中国茶树栽培学》编辑工作一结束，出版社就正式向姚国坤约稿一本《饮茶的科学》。于是他开启了茶叶科普写作的思维，将平时海内外朋友经常提出的问题，加以科学、系统地回答，整理成写作提纲，得到编辑们的肯定。回到中茶所后，他又邀请了当时的所长程启坤，以及茶叶资料研究室主任庄雪岚、《中国茶叶》主编白坤元共同执笔，于1987年7月由上海科技出版社出版了《饮茶的科学》。这本书是姚国坤从茶树栽培学科跨向茶文化学科的关键一步，《饮茶的科学》出版后很受读者欢迎，一连加印了5次，台湾渡假出版社还出版了繁体字版本。

此后姚国坤经常发表茶叶科普文章，一发而不可收，1992年被中国科普作家协会、中国农学会、中国林学会等5家团体授予"80年代以来科普编创成绩突出的农林科普作家"称号。

1987年，越剧大师袁雪芬的丈夫郑煌在上海文化出版社当副社长，他和出版社编辑室主任王存礼专程来杭，向姚国坤提出能不能写一本《中国茶文化》。提纲也是郑煌启发了姚国坤，比如茶与生活、社会、宗教、健康、文学艺术等的关系。20世纪80年代末，"茶文化"这个概念还没有被正式提出过。1989年姚国坤就已经将《中国茶文化》一书完成，但当时没有电脑，全靠手写，再校对、排印，正式出版时已是1991年。其他还有两位作者王存礼和程启坤，王存礼为这本书出了很多主意，最后一节"历代茶著"特别邀请了程启坤先生执笔。《中国茶文化》出版后，接连加印了9次，每次印出来就抢购一空，后来也在台湾出版了繁体字版本。

1999年1月，应日本HRI中国茶沙龙的邀请，姚国坤赴日本交流，在静冈茶之乡博物馆座谈时，馆长小泊重洋告诉他《中国茶文化》已翻译成日文出版，在日本很畅销，说完还赠送了一册。2016年左右，在杭州西溪一次中外茶人的聚会上，我亲眼见到一位日本的茶器大师，拿着一本他从日本随身携带、珍藏已久的《中国茶文化》请姚国坤先生签名合影，如同追星一般。并说这本书是他认识中国茶文化的启蒙之作，也是经典之作，常读常新。关于这本书，安徽农业大学茶文化研究所所长丁以寿教授等学者写过数篇文章，都认为姚国坤等著的《中国茶文化》是首部以茶文化冠名，并系统论述中国茶文化的专著，后来同样名称的专著出版了很多，但这本书是第一，在当代中国茶文化历史上具有里程碑的意义。

姚国坤著《中国茶文化》其实并非一个偶然事件，而是与当时中国当代茶文化的复兴不可分割。茶文化在中国有着数千年积淀，到20世纪80年代末90年代初时，这块文化土层的地气已经全面暖了起来，雨后春笋正蓄势待发。

三、开启茶文化时代

对于中国茶文化来说，20世纪80年代初至90年代初是一个重要的节点。80 年代初开始，庄晚芳先生和台湾的娄子匡先生先后提出了"茶文化"这个概念。1983 年，茶圣陆羽的故乡，湖北天门成立了天门陆羽研究会，并开始发行研究会刊。1988 年 6 月，被称为"台湾茶叶之父"的吴振铎教授访问大陆，到福建、湖南、浙江等地参观访问。同年，台湾茶人范增平访问大陆，将茶艺带到大陆传播。

1989 年是风云突变的一年，5 月由李瑞贤、蔡荣章率领的台湾陆羽茶艺文化访问团访问大陆，在北京、合肥、杭州演示交流茶艺。同年 9 月 10—16 日，首届"茶与中国文化展示周"在北京民族文化宫举办，吴觉农先生出席。这次活动是当代中国茶文化复兴吹响的一声号角，从活动的名称中可以看到对"茶文化"一词，似乎还有些"犹抱琵琶半遮面"的味道。出席完展示周的下个月，10 月 28 日，当代茶圣吴觉农先生与世长辞。

随后的 1990 年茶文化的国际意义凸显出来了，中国的官方与民间因茶而与世界各国重新展开文化交往。8 月 26 日，中华茶人联谊会在北京成立；10 月 19 日，在台湾茶业改良场召开两岸茶业发展研讨会；10 月 24 日，湖州陆羽茶文化研究会成立；10 月 25—27 日，首届国际茶文化研讨会在杭州召开。中国的国际形象很快因茶文化在东亚范围得到提升。此后，国际交流成为茶文化的一种方式、一项任务，也是一种精神，不久"天下茶人是一家"的口号就被提了出来。姚国坤那一代茶人，在茶文化的国际交流方面做了许多具有开拓性的工作。

因此，中国似乎需要有一个茶文化研究、交流的权威国际组织。1993 年 11 月农业部正式批准成立中国国际茶文化研究会，这是由农业部主管，向民政部登记注册的全国性茶文化研究社团组织，也是中国乃至全世界最具影响力的国际茶文化研究组织。研究会吸收具有一定学术地位和社会影响力的团体、茶文化和茶业界以及社会相关人士为团体会员和个人会员，并聘请海外著名人士担任荣誉职务。

1994 年 8 月 14 日，中国国际茶文化研究会在昆明召开了第一届理事会第一次会议，讨论通过了《中国国际茶文化研究会章程》，选举产生了第一届理事会。推选浙江省政协原主席王家扬任会长，并敬聘时任全国人大常委会副委员长程思远、全国政协副主席苏步青担任名誉会长。无独有偶，那年的 4 月，上海已经成功举办了首届上海国际茶文化节。

话说中国国际茶文化研究会的这位创会会长王家扬先生在海内外茶界享有崇高的威望，他年逾百岁仙逝时，姚国坤撰文《我心中的丰碑》（《茶博览》，2020 年 2 月，总第 202 期）以示深切缅怀。姚国坤进入茶文化的人生阶段最重要的引路人就是王家扬。

王家扬，1918 年生于浙江宁海的农民家庭，早年投身革命，1938 年参加新四军，次年加入中国共产党。新中国成立后他历任全国总工会书记处书记、北京市海淀区委书记、浙江省委宣传部部长、浙江省副省长、浙江省政协主席等职。然而这位老同志热心文化与教育，从领导岗位退下来后，一心扑在这两件事情上。他于 1984 年创办了改革开放以来中国最早的一所全日制民办普通本科高校——浙江树人学院。1990 年 10 月，他发起中外茶人共同在杭州举办了首届"国际茶文化研讨会"。著名演员何赛飞的丈夫杨楠，当时是其中最重要的骨干成员。

姚国坤与王家扬相识大约始于 1984 年，当时姚国坤借用杭州洪春桥旁的"茶人之家"协助浙江省茶叶公司整理《茶与文化》（春风出版社，1985 年）一书的编辑出版工作。当时王家扬还在浙江省副省长任上，来"茶人之家"考察，见有学者伏案整理材料很感兴趣，上来握手、交谈，两人还认了宁波老乡。从此，凡由王家扬推动的茶文化活动，姚国坤都不同程度地关注和参与。直到1996年11月，王家扬同志干脆把姚国坤借调到中国国际茶文化研究会去工作了。

1997年11月，姚国坤从中茶所正式退休，然而他更加忙碌的茶文化生涯却刚刚拉开帷幕。

1998年4月，姚国坤与王家扬、杨招棣、厉德馨等同志对福建、江西以及浙江杭州、台州等地的茶文化资源进行了实地考察。在调研的基础上于10月9—14日，由中国国际茶文化研究会、杭州市人民政府和浙江世界贸易中心共同主办了首届"中国国际茶博览交易会"。其间，还举办了第五届国际茶文化研讨会，19个国家的500多位业界人士参加。

当时研究会的事业方兴未艾，王家扬把姚国坤请过去的第一件事就是为这次研讨会的主题报告起草一份发言稿，姚国坤怀着极大的热情完成了这个任务。那次的报告发言王家扬讲了一个半小时，全程同声传译，国内外的与会学者都听得津津有味。就是在那次会议上，中国国际茶文化研究会明确了"茶为国饮"和"天下茶人是一家"的办会宗旨。那次讲话之后，这两句话就一

姚国坤与王家扬会长在一起

直挂在茶人们的嘴边，逐渐深入人心。由此王家扬十分赏识姚国坤，认为中国茶文化的基本框架在姚国坤心里是有一本账的。会后，姚国坤出任研究会常务理事，还驻会任副秘书长兼办公室主任之职。

1999年5月中旬，姚国坤陪同王家扬会长、杨招棣执行会长率领茶文化考察组，专程去广东多地考察和协商筹备次年的国际会议。同年10月，姚国坤又陪王家扬会长考察山东茶文化，在山东省茶文化协会会长、山东省人大常委会原副主任王裕晏的陪同下，考察了"南茶北引"的始发地沂蒙山区、青岛崂山地区的茶叶生产情况以及济南茶馆业的经营状况。

四、茶界翘楚

如果说王家扬先生长姚国坤一辈，是让他格外尊敬的老领导，那么另一位领导杨招棣先生与他的关系就可以说是格外亲密的朋友了。

2017年底，一次我与姚老聊天时，他突然长叹一声说："你晓不晓得，杨招棣先生恐怕是不行了！我那天不知情况，给杨招棣打去一个电话，电话一通，那边就说'老姚啊！我身体不行啦……'，然后就传来呜咽之声，哭了，我也哭了，说不下去了，大家停了很长一段时间，实在说不下去了。他躺在浙江医院，听他家人说已经抢救过几次了，我想去看望这位老哥哥，但他的家人考虑我们双方年纪都大了，劝我不要去，去了杨招棣的情绪过于激动，对他更不利。"那是这对老朋友的最后一次通话，竟无语凝噎，这次谈话不久后，杨招棣就辞世了。

杨先生我也是认识的，因为他不仅是姚老师的知交，也是我的老师王旭烽教授大学时代的老师，那是师公辈的人物。旭烽老师曾向我不止一次的回忆起杨招棣先生，她的大学时代没有被向往的中文系录取，而被历史系"捡漏"，都与这位杨先生有关。晚年的杨先生曾与姚国坤一起为浙江农林大学茶文化学院的创办付出过心血，这也是让我们晚辈特别崇敬他的一层原因。

姚国坤与杨招棣合影

杨招棣生于 1930 年 7 月，是浙江黄岩人，1951 年考入浙江大学文学院，曾留学苏联，毕业后在杭州大学任团委书记，做过历史系、化学系的负责人及教务长等职，从事高等教育工作长达 30年。20 世纪 80 年代初调任中共杭州市委副书记，分管宣传、外事、文化、教育工作。1988 年任浙江省人民政府侨务办公室主任兼浙江省海外交流协会会长。

杨招棣是怀揣着文人理想而从政，从政之后又致力于文化事业的人。他阅历丰富，足迹从西藏高原至太平洋彼岸，从东南亚至英伦三岛。他对于文学、历史都有很深的造诣，散文、游记文风清新、隽永，古文功底深厚，即兴创作的古体诗，充满文学意境和生活情趣，诗词常发表在《浙江诗刊》、香港《文汇报》上。姚国坤说："曹子建七步成诗，杨招棣没那么快，大概要用十步。"他还擅长书法，任西泠印社顾问，作品收藏于西泠印社。曾在《人民日报》《浙江日报》《杭州日报》的文艺副刊上发表散文、杂文 40 余篇，著有《赵匡胤》《中国古代人物传》（合著）等。

从 20 世纪 90 年代后期开始，杨招棣将晚年的大量时间精力转而从事茶文化，曾任中国国际茶文化研究会执行会长。姚国坤、王旭烽以及浙江农林大学茶文化学院与杨招棣先生的关系正是在这个阶段变得十分紧密。

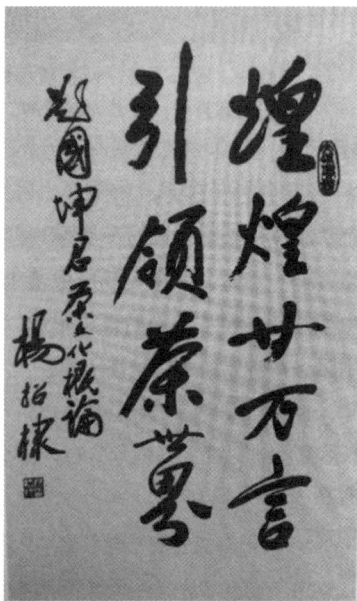

杨招棣为姚国坤编著的《茶文化概论》题词

2004 年姚国坤的《茶文化概论》出版，杨招棣题词"煌煌廿万言，引领茶世界"，2014 年姚国坤编著的《惠及世界的一片神奇树叶——茶文化通史》由杨招棣作序，序中称其为"茶界翘楚"。他还为姚国坤的一幅肖像画题字"神游茶世界"，其实他们两位都是茶世界中的神游者，杨先生的浪漫气质也可窥见。

姚国坤陪杨招棣到过几次老家宁波，2012 年在首届东亚茶经济、茶文化论坛"明州茶论"研讨会上，杨招棣是全场第一位发言的学者，他高度评价了宁波作为茶港的地位，提出要发挥宁波茶文化在海洋文化上的地位。后来杨先生又到宁波参加禅茶活动，还专门到大岚参观，即兴赋诗："四明山水甲东南，百里茶园雾中看。苍翠龙尖云和月，大岚咫尺是仙关。"

在姚国坤的心目中，杨招棣宽和儒雅，脸上总有笑容，是一位有着古典气质的"文人士大夫"。

2018年1月杨招棣先生辞世，他十年前所赠的书法一直还悬挂在茶文化学院茶艺教室的墙上，录的是唐寅的茶诗"买得春山自种茶，峰前峰后摘新芽。烹煎已得前人法，蟹眼松风候自佳"。如今，茶文化的后来人已有了"自种茶"的春山，而烹煎要得的"前人法"，说的似乎正是如杨招棣、姚国坤等前辈的学养与

姚国坤与杨招棣（右二）、程启坤（右三）、毛应民（左二）观摩王冬龄书法

精神。

重新站在这幅潇洒的笔墨前，忍不住想到两位知交老茶人，在电话中相对垂泪，死生契阔的情景。当噩耗传来时，姚国坤顿时失语，老泪纵横，写下了《茶人的悲欣交集——忆招棣先生》一文以示纪念。茶中的生命与休止，真是悲欣交集，我们能做的唯有让青年学子知道那幅墨迹的意义，让一代又一代的后来人用懵懂无知的眼睛看个明白。

五、茶为国饮

如果说中国国际茶文化研究会创会会长王家扬先生率先提出"天下茶人是一家"的理念，开始让全世界的茶人真正走到了一起，那么第二个阶段如何发展呢？"茶为国饮"的理论与实践开始了。

2000 年 9 月 26 日，中国国际茶文化研究会在广州召开了第二次会员代表会议，产生了第二届理事会。理事会选举浙江省政协主席刘枫为会长，宋少祥、邬梦兆、王裕晏、陈际瓦、沈者寿、程启坤、于观亭、梅峰、黄继仁、黄汉庆、李师程、刘浩元、张定为副会长，施奠东为秘书长，并聘请全国人大常委会原副委员长程思远、全国政协原副主席苏步青和浙江省政协原主席王家扬为名誉会长。姚国坤继续任研究会常务理事、常务副秘书长兼办公室主任、学术部主任。几乎每一次的学术研讨会都由姚国坤具体负责论文组稿及会议主持。

2002 年 9 月，在马来西亚首都吉隆坡举行了第七届国际茶文化研讨会，这是研究会与马来西亚青年旅游部合作，是继韩国以后第二次在中国之外举办的国际茶文化研讨会。姚国坤参与了自筹备到举办的全过程。

之后，姚国坤等老学者开始为"茶为国饮"的历史依据搜集文献资料。在这个基础上，到2004年3月，全国政协文史委员会副主任、中国国际茶文化研究会会长刘枫向全国政协十届二次会议提交了一份《关于确定茶为中国"国饮"的建议提案》。同年6月，农业部、中华全国供销合作总社等部门答复刘枫会长，认为倡导"茶为国饮"很有意义，将会同国家质检总局、商务部、国家工商总局等有关部门，对确定"茶为国饮"工作予以推动、支持。如此"茶为国饮"得到了各级政府部门和广大茶人的热烈响应，它对推动茶产业发展，以及"弘扬茶文化，发展茶经济，造福种茶人和饮茶人"方面做出了出色成绩。

饮料是有文化象征意义的，德国让人联想到啤酒，法国让人联想到咖啡，美国则以可口可乐文化席卷全球。茶叶从唐代开始就成为中国人最为普及的精神饮品，当代的中国人首先应该达成"茶为国饮"的共识。

2004年9月，研究会在四川雅安召开第三次会员代表大会，选举产生了第三届理事会，刘枫继任会长。会议还聘任金庸为荣誉会长，来自美国、日本、韩国、新加坡、马来西亚、法国、荷兰、比利时、澳大利亚、意大利、西班牙、挪威等国及中国香港、澳门、台湾地区的28名专家、学者、教授被授予荣誉理事。

刘枫会长在研究会任职期间，姚国坤一直协助其做好研究会内部的综合协调工作。刘枫时期的中国国际茶文化研究会高度重视茶文化学者与学术，努力推进"茶为国饮"。此后在四川雅安召开第八届国际茶文化研讨会，并发表了《世界茶文化蒙顶山宣言》；2006年5月，在山东青岛举行了第九届国际茶文化研讨会；2008年5月，在浙江长兴举行了第十届国际茶文化研讨会，由王旭烽总导演、姚国坤总顾问、我也全程参与创作的大型茶文化舞台艺术呈现《中国茶谣》向各国茶人公演；2010年5月，在重庆永川举行了第十一届国际茶文化研讨会，我参与编创的茶艺作品《茶艺红楼梦》与陈文华先生合作，成为那次活动上的亮点。

所有这些会议上最为忙碌和活跃的一个身影就是姚国坤。在会议筹划、论文组织、会务安排等各项事务中，都可见到他的身影。在姚国坤从事茶叶工作50周年之际，刘枫会长曾为他题写过一副对联："茶事春秋五十载，著书立说六十部。"

姚国坤（左三）与程启坤（右一）陪同刘枫会长（右三）赴韩国考察，右二为韩国茶人姜育发

姚国坤与刘枫会长（右）赴日本考察

　　"茶为国饮"的另一位重要推动者是宋少祥，这位身材瘦小的老者却有着巨大的能量和丰富的经历。虽然是领导却算得上是与姚国坤并肩作战、为茶奋斗的好朋友。

　　1932年12月宋少祥生于浙江绍兴，历任浙江省供销合作社主任、浙江省财政厅厅长、浙江省房地产开发公司董事长、中国国际茶文化研究会常务副会长。晚年他又创办浙江老茶缘茶叶研究中心，矢志不移，依然为茶文化事业尽心尽力，爱茶人士都称他是"茶界好领导"。陈云同志曾为他题写条幅"横眉冷对千夫指，俯首甘为孺子牛"。

　　姚国坤与宋少祥相识于20世纪70年代初。宋少祥从省供销社科长任上下放到浙江遂昌，可他是个闲不住的人，看遂昌山区适宜种茶，发展茶叶利国利民，就在那里发动当地农民开辟茶园，经过3年多的奋斗竟然在遂昌黄坡开辟出新茶园3 000余亩。

当时的姚国坤与中茶所栽培研究室不少科研人员也下放到遂昌，因此认识了宋少祥。

大家回到各自单位后不久，宋少祥升任浙江省供销社主任，在他的积极努力下，浙江省供销社建立了当时负责全省茶叶统购统销的茶叶公司，而且还在省供销社下建立了省级茶叶进出口公司，两块牌子一套班子，都是宋少祥一手抓，这在全国也是首例。这两个省级茶叶公司，在很长时间内一直是全国省级茶叶的龙头企业。

姚国坤（左一）与宋少祥（左二）在香港品茶

后来宋少祥在浙江省财政厅厅长的岗位上退休，因为一生都爱茶叶就协助王家扬先生开展许多工作。2000年开始他正式担任中国国际茶文化研究会常务副会长，而姚国坤担任的是常务副秘书长兼办公室主任一职，因此两位老朋友成了最密切的上下级，几乎天天见面。老宋办事公道，懂茶叶，善管理，讲真诚，乐于助人，是个复合型领导，在他身边工作，既能学到东西，又心情舒畅。有一次，中国工艺美术大师吴子熊送给宋少祥一座玻璃雕刻艺术作品《春光翠羽》，老宋豪爽地说："老姚喜好艺术，这件大师作品，由你永久保管吧。"这件作品姚国坤一直珍藏在书房。

1999 年 11 月 26 日，应香港茶人联合会的邀请，姚国坤随同宋少祥为团长的中国国际茶文化研究会代表团，参加了由香港茶人联合会主办的"香江世纪茶会——万人泡茶迎千禧"和"香港国际茶文化研讨会"活动，11 月 30 日访问澳门，12 月 1 日抵达珠海，次日考察中山市。这次紧张忙碌的茶事考察活动为中国国际茶文化研究会在粤港澳地区扩大了影响，打开了工作新局面。

中国国际茶文化研究会时任领导合影（后排右起为沈才土、杨招棣、徐鸿道、宋少祥、梁朝清、詹泰安、姚国坤、黄子钧；前排右起为王祖文、吴笑梅）

姚国坤（右二）陪同宋少祥（中）出访日本（左四为山口纪子）

宋少祥提出茶文化的国际交流不要以公务级别论来访者的资格，凡是境外茶人到访，只要他本人在杭州，总会亲自接待。而姚国坤在与海外茶人的交流、接待中更是发挥了关键作用，二人配合默契。每年来到中国国际茶文化研究会访问的境外茶文化交流团有 40~60 批，范围遍及世界五大洲，真正为中外茶文化交流架起了一座桥梁。

宋少祥将自己的后半生几乎都献给了茶文化事业，而对自己的个人利益却从不计较。姚国坤记得有一次一位茶友想感谢宋会长对他的无私帮助，特地找到宋夫人打听他平时喜欢些什么。宋夫人笑着回答："老宋最喜欢的就是每天开会，最怕的就是在家中休息。"

我印象中的宋少祥先生是一个瘦小的老爷子，我刚参加工作时，他常到茶文化学院来考察，迈着小碎步，身上没有一点官气。

他说话带着方言，声音听起来有些含含糊糊、絮絮叨叨，但分析、判断一个事情的思路清晰、果断，令人叹服。曾是掌管一省财政的"大掌柜"，是何等精明果决，但也因他的无私与正直，才始终享有很高的威望，是一位能够有效运用自身的权力、资源，无私推动茶文化与茶产业，从而改善民生、利国利民的人。2024 年 6 月，姚国坤依旧每周一次与宋少祥通电话互相问候，互道珍重没两天，6 月 14 日噩耗传来，宋少祥与世长辞，享年 92 岁。又一位茶界老友就此别过。

正是在这个时期的努力下，"茶为国饮"的思想深入人心。其实孙中山先生早在《建国方略之二·实业计划》中提出："就茶而言，是最合卫生、最优美之人类饮料。"而如今，倡导"茶为国饮"完全是在一个全新的背景下，用一个全新的视角来重新认识茶文化的内涵和价值。姚国坤于 2004 年发表了论文《论茶为国饮的历史依据及现实意义》(《第八届国际茶文化研讨会论文集》)。提倡"茶为国饮"，不但能更好地展示茶的地位和作用，而且还能为造福人类提供物质财富和精神财富。由此，中国人可以骄傲地认为：茶作为一种绿色的和平饮料，不但推进了中国的文明进程，而且还极大地丰富了东西方的物质、精神和道德文化。特别是在推进精神文明建设中，茶还能起到独特功能的作用。

2009 年由在杭州的八家核心茶叶机构① 联合发起将每年 4 月 20 日谷雨日设立为"全民饮茶日"，杭州市人大甚至为此立法，定为法定节日。其中姚国坤也是重要的推动者和积极参与者之一。

---

① 中国国际茶文化研究会、中国农业科学院茶叶研究所、中国茶叶学会、中华全国供销合作总社杭州茶叶研究院、国家茶叶质量检验中心、农业部茶叶质量监督检验测试中心、中国茶叶博物馆、浙江大学茶学系。

六、三朝元老

2009 年 4 月至 2021 年 12 月，由全国政协文化文史和学习委员会副主任、浙江省政协原主席周国富担任中国国际茶文化研究会会长。其间，周国富会长提出了"复兴茶文化，振兴茶产业"的理念，实现从茶叶生产为中心的传统小产业形态向"六茶共舞、三产交融、跨界拓展、全价利用"的新业态、多业态发展。

年逾 80 的姚国坤与夫人商量好了，准备"再退休"。可是 2016 年，周国富会长又邀请姚国坤非完成一个重要任务不可，就是要他组织编写好一部大书《世界茶文化大全（上、下册）》，为此还特地给他配了助手。记得姚老师当时请我为他选择一位茶文化学院的毕业生作为学术助手，我推荐了我的学生刘蒙裕。就这样，这位老将带着新人再次"出征"。

对于编写这部《大全》，周国富会长十分重视，多次听取汇报，提出指导性意见，并作出重要批示。常务副会长孙忠焕（杭州市原市长）和副会长阮忠训亲自督阵，抓这本书的质量和进度。姚老说："虽是千斤重担，但我既然接了任务，老骥伏枥，一定尽最大努力完成好。"于是他每个星期四自己坚持坐公共汽车到办公室上班，其余时间大多在家中写作，连除夕和大年初一也不休息，夫人陈佩芳说："老姚现在比上班还忙，连节假日也没有了，把自己嫁给电脑了！"经过三年多精心编撰，终于完成了这部由百万字和 400 多幅珍贵图片组成的巨著。

随着茶文化事业的不断发展，茶文化社团组织（包括茶文化民间社团、学术团体等）不断涌现，遍及全国。特别是在中国国际茶文化研究会的倡导、推动下，全国各省（自治区、直辖市）、市（地区）、县甚至到乡镇、村都成立了茶文化研究、促进、交流等社团组织。而姚国坤在中国国际茶文化研究会中近30年来在学术组织上扮演着重要角色，堪称是中国国际茶文化研究会的"三朝元老"。

周国富（右一）会长在第十四届国际茶文化研讨会上向姚国坤（中立者）等颁发"兴文强茶"贡献奖、特别奖

七、"二坤"

在姚国坤的人生中最默契的同学、同事、朋友甚至亲如兄弟者，非程启坤先生莫属。特别是他们两人在中茶所退休后，"转战"中国国际茶文化研究会，共同执掌学术委员会的重任多年，被茶界公认为泰斗人物，合称"二坤"。

"二坤"的叫法，最早还是源自杨招棣先生的一首诗。当年程启坤与姚国坤为安吉白茶的文化与产业做出过很大的贡献，在2004年安吉白茶开采节上杨招棣赋诗一首，欣然命笔："宋皇赵

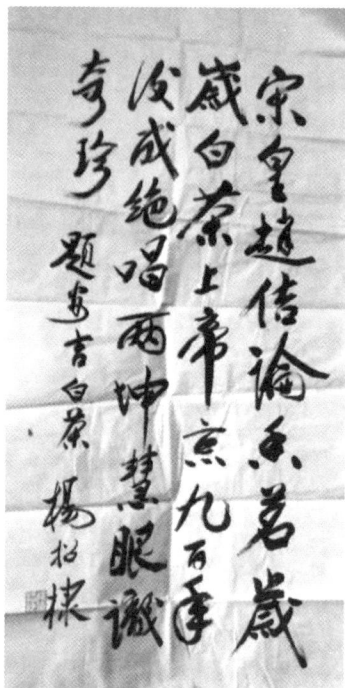

杨招棣为"二坤"题诗

估论香茗，岁岁白茶上帝京。九百年后成绝唱，两坤慧眼识奇珍。"并特别加注"两坤是著名茶文化专家程启坤和姚国坤"，落款是"杨招棣，甲申年孟春于安吉"。

程启坤生于 1937 年 3 月，是江西婺源人。他出生在一个书香门第，祖父是当地有名的中医，父亲程雪影 1936 年毕业于上海美术专科学校，在 20 世纪 40—50 年代已是沪上著名的花鸟画家。姚国坤还珍藏着一幅程启坤夫妇送给他的《报春图》，那就是程雪影的作品。

1960 年毕业于浙江农业大学茶学系的程启坤，曾任中国农业科学院茶叶研究所所长，中国茶叶学会理事长，中国国际茶文化研究会副会长、学术委员会主任等职。他一直从事茶学与茶文化的研究工作，在茶叶品质化学、茶叶加工和深加工利用、茶文化等方面造诣深厚。1980 年以来，他获得国家、部、院级科技成果奖 10 项；1961 年以来发表论文 200 多篇，出版著作 40 余部，有《赏鉴名优茶》《茶叶优质原理与技术》《饮茶的科学》《中国茶文化》《中国绿茶》《饮茶与健康》《茶的营养与保健》《世界茶业 100 年》《中国茶经》《茶之初》《陆羽茶经解读与点校》《灿烂的十五年》《科学饮茶有利健康》以及《中华茶文化》多媒体光盘等。1992 年开始享受国务院颁发的政府特殊津贴。参与组织大型国际茶文化研讨会 10 多次，为中国茶文化的繁荣与发展作出过重大贡献。

"二坤"与山东省茶文化协会会长王裕晏（左一）在论坛会上

　　"二坤"相识始于 1958 年，那年姚国坤入茶学系，程启坤是学长，早他两届。其实两人是同年出生，都属牛，程启坤大姚国坤半岁。毕业后，他们先后分配到中茶所工作。程启坤从事茶叶生化，姚国坤从事茶树栽培，几乎同时分别出任各自研究室的主任，后来程启坤升任中茶所所长，姚国坤担任科技开发处处长。中茶所在"二坤"精诚合作下，创造了许多科研成就。1996 年底，姚国坤到中国国际茶文化研究会工作，两年后，程启坤退休也被聘请到研究会驻会工作，"二坤"继续了他们的"最佳拍档"，将茶文化学术的大花园浇灌得百花齐放。

"二坤"与广州茶文化促进会会长邬梦兆（中）合影

与程启坤夫妇（中为程启坤夫人王惠）亲切交谈

　　我也多次与程启坤先生交往过，他是一位不苟言笑的谦谦君子，不怒自威，然而内心却没有任何架子，胸怀很大，乐于提携晚辈。如果说姚老师常常给人以热情的印象，那么程老师则是"冷"的。但那种"冷"绝非冷酷、冷漠、高冷，而是一种内敛自守、不卑不亢的风骨。程启坤先生话不多，严肃认真；姚国坤先生善言谈，风趣幽默。"二坤"可谓是太极两仪，然而骨子里又有着同样的理想与追求。所以两位老友默契到连相互的脾气也摸得很透，以至于到了晚年不常见面，通电话也少了，却仍能猜到彼此在想什么。

"二坤"还共同编著过许多著作，如《中国茶文化》《饮茶的科学》《〈茶经〉解读与点校》《茶艺基础百说》《饮茶悟养生》等十余种，共同署名发表的论文也不少。他们共同策划、组织、主持国际茶文化研讨会和大型国际茶文化专题会议不下20次，这些有影响力的学术会议为中国茶文化学界定下了很多基调。诸如1999年10月，由中国国际茶文化研究会主办，在杭州金溪山庄举行的"全国茶文化工作交流座谈会"，就进一步明确了茶文化工作的性质与任务。2002年6月，在西双版纳景洪召开的"2002中国普洱茶国际学术研讨会"，消除了当时人们对普洱茶的许多质疑，影响波及整个东亚。2004年4月，在陕西扶风法门寺博物馆召开了"中日韩茶文化学术研讨会"，"二坤"合作发表的《唐代饼茶复原技术研究》《唐代陆羽煮茶法研究》在境内外获得很大反响，他们俩也是中国当代最早尝试复原唐代茶法的人。2007年6月，在澳门举办"茶风传韵——澳门在茶文化传播与发展中的角色"研讨会，大大提升了澳门茶叶的历史与文化地位。这样的例子还可举出很多，往往对某个地区的茶叶与茶文化有着开拓性或定调子的作用。可以说"二坤"在中国国际茶文化研究会服务的20余年是一个黄金时期，"二坤"展现了学术领袖的风采，这个时期对整个中国乃至国际的茶文化学术起到了长期而有效的组织与引领，奠定了中国茶文化复兴的学术基础。

有一次"二坤"同去广州，姚国坤腰椎病犯了，走路困难，一路上程启坤给他提包，扶着他上下飞机。还有一次，姚国坤的夫人陈佩芳在婺源考察时脚踝受伤，难以行走，"二坤"扶着她走完山路，那时三人都已是八十高龄。六十年情同手足，六十年也相互搀扶。

2017 年开始，程启坤先生逐渐有些耳聋目盲，即使如此他还是坚持与姚国坤合作，完成了《中华茶史·现当代卷》，2019 年他又完成出版了自己的封笔之作《陆羽〈茶经〉简明读本》。有一次我向姚老师问起程启坤先生的近况，姚老师说："启坤与我通电话，说身体不太好，以后不出来了，你自己要多保重。"说着哽咽了，沉默很久。师母陈佩芳告诉我，当姚国坤从微信上见到程启坤手术的照片时，竟然像个孩童一样泣不成声，师母怕他出事猛拍他的背，才慢慢平静下来。好在程启坤先生的身体恢复得很好。

在长达 60 年的生涯中"二坤"始终并肩作战，和谐友爱。能分别作出成就又共同为理想奋斗的朋友实在是可遇不可求。2020 年，"二坤"同时荣获"中华杰出茶人终身成就奖"。他们不仅是茶界难得的一段佳话，也称得上是一段传奇。

第六章　茶香满路

一、十万一斤龙井茶

关于天下第一名茶的西湖龙井永远有说不完的故事，而当代龙井茶文化的许多有代表性的节点，姚国坤都是见证者。

1998年4月至7月，姚国坤陪同王家扬以及厉德馨[①]、杨招棣等几位领导，分别去广东、福建、江西、山东、浙江等多地调研考察茶产业和茶文化。回到杭州后，由王家扬发起，姚国坤与几位领导共同起草了一个方案，要求恢复杭州老龙井"十八棵御茶"景点。方案议定后，以王家扬、厉德馨、杨招棣三人名义，送至浙江省人民政府办公厅，不久以后闻名遐迩的"龙井十八棵御茶树"景观得到保护与恢复。

2001年3月初，西湖龙井"十八棵御茶"采摘制成的茶叶要进行拍卖预售。那时候茶叶拍卖还是个新鲜事儿，姚国坤也是第

① 厉德馨：中共杭州市委原书记、时任研究会高级顾问。

一次参与，虽然当时的议论沸沸扬扬，许多人认为这是一场"炒作"，但他的第一感觉认为这是件好事，有利于推动西湖龙井茶的发展与提升的新事物都应该支持。

姚国坤（右一）与王家扬（中）、厉德馨（左三）、杨招棣（右二）等在茶区调研

拍卖方请姚国坤在拍卖会上介绍了西湖龙井"十八棵御茶"的历史文化以及品质特征，他成了西湖龙井的代言人。为完成这个任务，他认认真真地花了两三天时间，为这款熟悉得不能再熟悉的茶叶写了文章。

这次拍卖的御茶是预拍卖，规定 50 克干茶为一拍，共 4 拍，合计 200 克。要求鲜叶原料出自"十八棵御茶"，由西湖龙井茶炒制大师戚国伟亲自加工炒制，交货时间为清明前 5 天。为了表明真实性，姚国坤与沈培和作为证人还要亲自到现场监视采摘与炒制，并以录像为证。制好的茶，最后由姚国坤和沈培和亲笔签名封装。

每拍50克西湖龙井御茶举牌加价，结果每轮最终都是以50克西湖龙井御茶9 750元收场，差不多10万元一斤。这次拍卖果然引起了轰动，杭州的各大报纸作了报道，又迅速传到北京，有关媒体专门派记者来杭州采访姚国坤，着重请他说说这10万元一斤的西湖龙井茶究竟值不值？姚国坤回答西湖龙井是中国最负盛名的茶，有"绿茶皇后"之称。自乾隆皇帝亲封十八棵茶树为"御茶"后，更是奠定了西湖龙井茶在中国名茶中的至尊地位。中华人民共和国成立后，国家几届领导人多次亲临西湖龙井茶区，并指定为国家礼品茶。它品质优异、文化内涵丰富，本来就是珍稀之物，而十八棵御茶产量稀少，是茶中至尊，具有很高的象征意义。虽然自己一个月的工资大概只够买10克茶，一天就喝完了，可是并不妨碍有人买走。

　　报道登出来的标题是：西湖龙井茶20万1公斤，你说值不值？著名茶文化专家姚国坤说："值！"为了突出主题，文中还嵌上一张圆形的姚国坤头像。见报后，姚国坤看到出了一身冷汗，他并没有说这句话，但是似乎又难以辩驳。果然此后经常有人问姚国坤，堂堂教授为什么也做起商业广告，究竟得到了多少好处？尽管他一再声明这些都是出于义务，人家仍然是半信半疑。此后姚国坤得出了一条经验，凡有记者采访，说话要更加严谨。

　　拍卖会结束，茶叶精制完成后，姚国坤巧遇一位来自四川的获拍者来领取茶叶。这次他按照记者的思路提问："1万元买50克龙井茶值吗？"人家不假思索地回答："当然值！否则我怎会举牌？"四川茶人归纳了四条理由：一是一家三口准备每人沏上一杯，享受一下乾隆皇帝的生活。二是她算了一笔账，如果在当地有影响力的报纸上做一次广告，也得花这个数，如今拍卖成功后，当地会有五六家报纸报道。三是准备用30克茶，供给10位老客户品尝，可收回部分资金。四是把最后 10 克茶封存展示。作为茶商能不抢着买吗？这真让这位老学者叹服。

二、普洱往事

西湖龙井茶的拍卖事件，传播价值远远大于实际的经济价值，而普洱茶热的悄然兴起，更是中国当代茶文化、茶产业的重要增长点。

2001 年春，姚国坤等专家深感普洱茶的特色，很有开发价值，于是专程去云南普洱茶主产区西双版纳和思茅（今普洱市）进行全面考察，并希望能在这两地举办普洱茶国际学术研讨会。会议准备由思茅开始，最后去西双版纳结束，为此姚国坤又约请了云南资深茶文化工作者苏芳华同去滇南景洪、思茅两地落实工作。但当时这两个地方有关部门因为普洱茶原产地之争，矛盾闹得很凶。于是姚国坤又与当时的中国茶叶流通协会秘书长吴锡端协调，由流通协会出面与思茅政府共同举办普洱茶文化活动，由中国国际茶文化研究会出面与西双版纳州政府共同举办普洱茶国际学术研讨会，一家办一个，总算相安无事。

2002 年 6 月，由中国国际茶文化研究会、云南省西双版纳傣族自治州人民政府和云南省茶业协会联合主办的"2002 中国普洱茶国际学术研讨会"在云南西双版纳景洪召开，宋少祥会长特地赶去出席会议。这是云南省以普洱茶为主题，面向境外茶叶工作者共同探讨普洱茶文化的一次高级别学术会议。会上争论十分激烈，主要争论的焦点是普洱茶的质量安全与卫生健康问题。姚国坤的老朋友，当时西南农业大学（现合并为西南大学）茶叶研究所所长刘勤晋教授等发表了一批高质量论文，从生物学角度出发，以充分的实验测定数据，打消了境外学者对饮用普洱茶安全性的一些疑虑，为以后普洱茶在国内外的迅速崛起，起到了良好的推动作用。

姚国坤（右一）与刘勤晋（左一）、上海市茶叶学会秘书长刘启贵（左二）、中国茶叶学会副会长毛祖法在一起

三、福鼎白茶三年药

姚国坤与福鼎白茶结缘于20世纪70年代末，那时他还在中茶所工作，先去了位于福安的福建省茶叶研究所，因为该所的茶树新品种繁育技术搞得很出色，是去调研和总结取经的。事后，他取道福鼎，重点是总结茶叶大面积高产优质技术。通过这次调研，姚国坤第一次真正接触到福鼎白茶生产技术。

20世纪80年代初，他第二次去福鼎调研茶叶生产，主要是因为那里的茶树短穗浅插繁育技术搞得比较好。通过两次福鼎调研，使姚老总结出三点：一是中国白茶生产在福建，而福建的白茶生产主要集中在福鼎。二是白茶的生产加工技术相对简单易行，将采下的茶叶稍加萎凋，日光晾晒即可。这种制法或许更接近原始的茶叶加工技术，古代先民可能最早就是这样加工和贮存茶叶的，不仅原生态，还能最大限度地保持茶的秉性。三是他在福鼎调研期间，随处都可听到太姥娘娘用白茶治病的故事，说明白茶对人体有消炎清火等药理作用。

进入 21 世纪后，姚国坤去福鼎的机会越来越多，他陪同刘枫会长调研白茶产销情况，还数次参加福鼎的中国白茶节和研讨会。每次去福鼎，福鼎市人大常委会原主任、福鼎市茶业发展领导小组组长陈兴华，福鼎市原常务副市长、福鼎市茶文化研究会会长林立慈等都会热情接待、陪同。由于姚国坤在福鼎人熟、地熟，所以无论是在研讨会上，还是日常交流，他总是不遗余力地宣传福鼎白茶，并提出过不少建设性意见。有一次，姚国坤陪同日本北海道煎茶道家元姊崎有峰女士考察福鼎茶文化。路上得了感冒，喉咙沙哑发炎，当时正赶到"品品香"茶叶公司考察，董事长林振传马上用三年以上老白茶煮冰糖给他治喉咙发炎。等到了"天湖"茶叶公司考察时，董事长林有希也用老白茶煮冰糖给他喝，女主人施丽君还亲自为他煮茶。老白茶治感冒的做法他虽早有所闻，却未曾亲身体验。这次一路喝下来的结果是第二天症状渐轻，第三天就好了。姚国坤说："一年是茶，三年是药，七年是宝，这至少在我身上有过一次验证。"

2008 年 6 月，中国国际茶文化研究会与福鼎市人民政府联合主办"首届中国白茶文化节高峰论坛"。中国国际茶文化研究会副会长沈才土出席了这次会议。会前姚国坤约请了中茶所副所长鲁成银、全国供销合作总社杭州茶叶研究院副院长俞其坤、浙江农林大学旅游与健康学院院长俞益武、福建省茶叶研究所所长陈荣冰等 8 位专家，通过对福鼎白茶认真细致考察和深入调查研究，形成了《福鼎白茶共识》。经过多年努力，如今的白茶已经从不为人知的小茶类成为大家普遍喜爱的重要茶类。

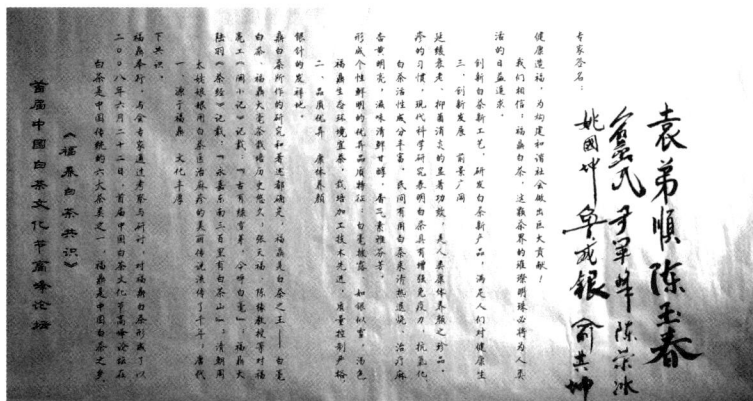

福鼎白茶共识

四、乌龙茶与老茶仙

正是因为多次考察福建茶叶，使姚国坤与当代"茶仙"张天福先生结下了深厚的情谊。

张天福，1910 年出生于上海。长期从事茶叶教育、生产、科研和茶文化传播工作，以教育、科研与生产相结合的模式来培养人才和改进技术，开创茶叶科学与教育相结合的先河，推动制茶从手工走向机械，被誉为中国"茶学界泰斗""20 世纪十大茶人"，晚年致力于茶叶审评技术的传授和茶文化的倡导，为中国茶业发展贡献巨大，如今"福鼎白茶"品牌这四个字就是他的笔墨。

张天福是过了 108 岁"茶寿"后仙逝的，成为目前最长寿的茶人。他比姚国坤大二十多岁，所以他们每次相遇时，姚国坤称他为"张老"，他则喊姚国坤为"小姚"。两人相识于20世纪70年代末，40岁上下的姚国坤精力充沛，多次去闽东地区考察。

1982—1989年，张老担任福建省农业科学院茶叶研究所技术顾问，主持乌龙茶做青工艺与设备研究，此后一直兼任福建省茶叶学会名誉会长。

2005年底，福建省要实施"福建乌龙茶地理标志产品保护"，当时国家质检总局率领北京大学等有关单位的专家组成一个10余人的考察组来福州进行实地调查。姚国坤应福建方的邀请协助作答。会上，北京考察组集中提出两个方面的疑虑：一是福建乌龙茶既然是区域地理品牌，那么与其他产区乌龙茶究竟有何本质上的区别？二是冠以福建乌龙茶之名，是否有历史人文依据，在海内外有此提法吗？对第一个问题，福建专家以事实为依据，作了肯定的回答。而对第二个问题，出现了冷场，一时鸦雀无声。这时，姚国坤就想到他去港澳和东南亚考察时，在茶店、茶庄、茶馆中大量拍摄到"福建乌龙茶"的商品名和相关标记。于是他以照片为证，说明了"福建乌龙茶"的说法近代有、现代有、当代有，国内有、海外有，并非臆测。当时，坐在主席台上的张天福先生已年近百岁，他老远向姚国坤招手，竖起大拇指。会后二人握手庆贺，有个年轻人也要与张老握手合影，还热情地祝他"长命百岁"，张老装着没听见，姚国坤明白，张老已是百岁之龄，怎么还祝人家"长命百岁"，马上纠正说："他是祝您年逾茶寿！"张老这才开怀大笑。中国人祝寿，最高就是"茶寿"，将"茶"字拆解，草字头是2个"十"，下面像是"八十八"，加起来恰是108岁。

2009年底，100岁的张老与来自江苏南京的国家一级杂技演员张晓红女士在福州登记结婚，成为茶界瞩目的大新闻。姚国坤虽未前去庆贺，却是第一时间得知喜讯，并表示祝贺。张老还特地给姚国坤留了一份结婚纪念品，后来通过福建省茶叶公司原副总经理陈金水转赠。

数年后张天福先生还为姚国坤的大作《中国茶文化学》作序。此事直至 2017 年 4 月，距离他仙逝已不足两个月，他还不忘姚国坤所托，将写好的序文打印出来，却因手抖而无法签名，只好盖章，请陈金水转交。足见张老待人之真诚，办事之认真。

张天福先生百岁再婚，年逾茶寿，这在茶人之中是一种难得的福气，也代表了茶人的生命力。

五、后起之秀安吉白茶

21 世纪初，安吉白茶在浙江湖州安吉县开始萌芽，当时虽然还没有引起社会的广泛关注，但专家们却已经感觉到其品种优势将大有可为。为此程启坤与姚国坤"二坤"查阅了不少历史文献，宋徽宗赵佶的《大观茶论》给予他们很大启发，其中写道："白茶自为一种，与常茶不同，其条敷阐，其叶莹薄。崖林之间，偶然生出，虽非人力所可致。有者不过四五家，生者不过一二株，所造止于二三胯而已。芽英不多，尤难蒸培，汤火一失，则已变而为常品。须制造精微，运度得宜，则表里昭彻，如玉之在璞，它无与伦也。"这段话不仅表明白茶之珍贵，细究下来也可以发现，文中描述的"自为一种"是有别于其他茶树的一个特殊品种，符合安吉白茶的情况。

其实，"二坤"的"后台老板"是宋少祥先生。宋会长有极其敏锐的洞察力，听了"二坤"关于白茶的这一段历史记载，比对安吉白茶的品质特征，他认为这是安吉白茶产业在文化上的一个重要突破点，应该予以支持，帮助地方把产业做大。

2003 年 11 月，中国国际茶文化研究会与安吉县人民政府共同在安吉举办了"《大观茶论》与安吉白茶研讨会"，程启坤作了有关"白叶茶"方面的主旨发言，对安吉白茶的历史地位、发展前景，结合实践和研究作了富有前瞻性的报告。姚国坤在会上作了研讨会总结发言，提出了安吉白茶可供发展的建设性意见。

为扩大影响，姚国坤还特别指定邀请北京、上海有关专家参加研讨。其实这次会议规模不大，仅有五六十人研讨，但成效显著，可谓一鸣惊人。接着，又于 2004 年 4 月，由中国国际茶文化研究会和安吉县人民政府联合主办了"宋皇贡茗安吉白茶开采节"，在安吉县溪龙乡举行。这为以后安吉白茶从一个区域的名优茶叶演变为家喻户晓的一项茶产业做了重要的文化铺垫和提升。

六、五千年茶树根

1973 年，中国考古学家发现了 7 000 年前的余姚河姆渡遗址，曾经震动了考古界与史学界。2004 年，在河姆渡附近又发现了 6 000 年前的田螺山遗址，其中出现了疑似茶树根的遗物。

2007 年 12 月，宁波市人大常委会原副主任、宁波茶文化促进会会长徐杏先邀请姚国坤一同出席余姚市茶文化促进会成立大会。其间，他与老家的朋友促膝长谈，时任余姚市茶文化促进会会长、余姚市人大常委会原主任叶沛芳以及秘书长朱宝康等与姚国坤谈及有关余姚田螺山遗址出土疑似茶树根之事。姚国坤一听十分激动，如果这个 6 000 年的茶树根被证实，将是中国茶叶史上的一件大事。

他立即约了老搭档程启坤，以及中茶所育种研究室原主任、资深古茶树专家虞富莲研究员，专程前往田螺山遗址听取了浙江文物考古研究所孙国平研究员有关出土疑似茶树根块的情况介绍。

为此，他们查阅了古籍中所有关于余姚的茶事记载，深觉有必要对余姚的古茶遗迹，结合史料进行更为深入的研究与挖掘。经过周密的调研发现，田螺山遗址距河姆渡遗址 7 公里，是数千年前的一个古村落，结构布局较为清晰，它以小山丘为依托，有房屋集中的长排型干栏式建筑居住区和屋前活动露天场地。村落周围是栅栏式木构寨墙，村落西部发现有木构寨墙相连的跨河式独木桥。依据北京大学考古文博学院应用碳 14 测年技术确定，认定田螺山遗址的文化遗存形成年代为距今 5 500 ～ 7 000 年。同时出土的还有炭化稻米、动物骨骼、橡子、菱角、莲藕，以及部分树木根块等。遗物大都保存完好，这为广泛开展多学科研究提供了有利条件。

在姚国坤等人研究疑似茶树根的过程中，考古工作者对田螺山遗址的发掘尚在进行中。2004 年 2—7 月，进行了第一次发掘。接着又于 2006 年下半年、2007 年上半年和 2008 年上半年进行了三次考古发掘。采集样本后，经日本东北大学、日本森林综合研究所、日本综合地球环境研究所、日本金沢大学考古学教授铃木三男、中村慎一等对这些出土树根的 6 例样本进行显微切片分析，结果显示，均为山茶属（*Camellia*）的同种树木。他们观察到：木材树芯无髓，年轮的方向变化显著，年轮界限不明显，导管和纤维的细胞壁很薄，纤维直径及放射组织细胞较大。这些特征说明，标本确为根部木材，并认为这些山茶属的树木是人为种植的，其木材结构与栽培茶树一致，确认为茶树。

2008 年 12 月，姚国坤又与程启坤、虞富莲一行 3 人再次到田螺山遗址实地考察后，提出将部分出土的疑似茶树根块和浸泡后根块及浸润水一并送往中国农业科学院茶叶研究所进行化学检测。检测结果表明，虽然经过多次换水浸泡，出土树根和浸泡树根的水都检出有茶树特有的茶氨酸等成分存在。

　　2011 年，姚国坤又对疑似茶树根块再一次进行考察研究，并请浙江省文物考古研究所孙国平研究员与中茶所擅长茶树野生资源研究的虞富莲研究员亲自到场挖掘、取样分析。为了做出更加深入和细致的分析比较，他们又对周边现存古茶树及其同科其他组植物做比对，送中国农业科学院茶叶研究所再次进行色谱分析比较。结果表明遗址出土的树根茶氨酸含量接近活体茶树主根，而山茶、油茶和茶梅根中氨基酸含量极微，又一次从茶树特有成分茶氨酸的含量表明，田螺山遗址出土的树根当为茶树根无疑。在此基础上，姚国坤等专家仔细结合了考古学家的报告内容，得知这些树木遗存发现在人工挖掘的熟土浅坑内，说明这些茶树不是自然生长而是先民有目的挖坑种植。经全国考古学家、史学界、茶学家共同论证，最终断定余姚田螺山出土的植物树根块是5 500 年前由人工栽培的茶树根。这一考古发现改写了最早人工种植茶树的历史，比原来认定的足足提前了 2 000 多年。

　　2015 年 7 月，浙江省文物考古研究所、中国农业科学院茶叶研究所在杭州联合召开发布会，宣布经专家多年综合分析和多家专业检测机构鉴定，在田螺山遗址发现的山茶属树根是迄今为止我国境内考古发现的最早的人工种植茶树的遗存。此事引起茶界普遍关注，全国至少有几十家新闻单位报道了这一消息。

　　姚国坤还在此基础上提出了新的课题，既然茶树的原产地在中国的西南地区，那么在远古时期它是如何传播到浙江余姚的？如果说茶的始祖是乔木型的大茶树，那么灌木型茶树是否有可能同时起源？中国的先民在 5 000 年前是如何懂得茶树种植的？这些都是值得人们不断深思的问题。

　　这可以说是姚国坤为中国茶界也是为养育自己的家乡余姚做的一件大事。这件事前后考察、研究，反复论证，足足花了八年。

而姚国坤这样一批老专家，也堪称是茶界的"茶树根"。

七、茶墨共香

20世纪80年代开始，中茶所已经很注意将茶作为一种文化在全国普及。所里收藏着不少宝贝，比如普洱茶的鼻祖——清代的"金瓜"又称"人头茶"，就与北京故宫各收藏一件。此外，还有一件紫砂壶中的祖师爷级作品"大彬壶"等。为凸显"奇茶妙墨俱香"的文化氛围，当时的所长陈宗懋想请美术界的朋友创作以茶为主题的书画艺术作品，这项工作就落到了好人缘的姚国坤身上。

姚国坤通过中国美术学院朱恒教授，结识了书法家章祖安先生，他可是书画大家陆维钊先生的高足。章祖安为中茶所书就了"茶者国饮"的大作一幅，除了四个大字外还题写道："茶者国饮，其效甚奇。除烦去腻，明目益思。气味清香，脾胃健旺。解渴润嗓，书声琅琅。妙手回春，换骨轻身。茶今吾友，与余处新。余性嗜茶，亦颇知味。与茶界友善，为有好茶吃也！谨书此以贺中国茶科所建所三十周年。"将嗜茶、爱茶之心，书于笔端，跃于纸上。其书法功底之深，文字基础之实，茶叶领悟之精，为姚国坤赞叹不已。这幅书法作品多年来一直挂在中茶所议事大客厅内，供人品读。从此，姚国坤与这位爱茶的"书坛怪才"章祖安相交相知、论书品茶三十多年。

章祖安祖籍绍兴，是中国美术学院书法专业博士生导师，国务院学位委员会博士和硕士点评议专家组成员，全国高校与科研院所学位与研究生教育评议专家。20世纪60年代初，毕业于杭州大学中文系，由于他对古籍、书法有独到研究，引起书法大家陆维钊教授的关注与赏识，收为弟子，于是调到中国美术学院任教。

在陆维钊先生亲自栽培下，祖安修得正果，书法自成一门，是中国美术界第一批被教育部认定的书法博士生导师，当代的书法名家朱关田、陈振濂、王冬龄等都出自他的门下。他在中国美术界有"书坛怪才""书坛奇才"之称。不但精于书法，而且对古诗文、国学周易也有研究，还出版过《周易占筮学》《中国传统文化与中国书法艺术》等著作。

祖安先生还不止于此，他气功了得，而且功力深厚，曾在姚国坤面前显过功夫。不过，两人的相识主要还是因茶墨结缘，茶益人思，墨兴茶风，相得益彰。这正好印证了苏东坡与司马光"墨茶之辩"的典故。据说有一次，司马光与苏东坡斗茶，司马光半开玩笑地说："茶与墨正相反，茶欲白^①、墨欲黑；茶欲重、墨欲轻；茶欲新、墨欲陈。君何以同爱此二物。"苏东坡曰："奇茶妙墨俱香，公以为然否？"司马光接下来怎么说，不见文字记载，想必是颔首微笑点头了吧。

章祖安与姚国坤也有许多"茶墨之辩"。章祖安精于品茗，姚国坤就常送些全国各地的名茶，他喝了好茶兴致勃发，写些书法作品回赠。有一次，祖安先生发现没有好茶喝了，就挥毫写下"茶荒"两个大字，用挂号信寄给姚国坤。姚国坤见有章祖安的挂号信，以为有什么大事，拆开信封一看哈哈大笑，随即找出自己珍藏的西湖龙井茶送到章家。章先生笑道："我知道你会送茶来！知我者，国坤老弟也！"姚国坤也笑说："你闹'茶荒'，我怎么敢不来'救灾'呢？"

章祖安深知好茶还须好水泡，于是为姚国坤写了"龙井茶，虎跑水"一副对联。当年，中国美院的国画大家吴山明先生给姚

---

① 宋时，茶汤以色白为贵。

国坤画了一张饮茶图，就想请章祖安先生为此书写一幅眉批，他思考良久，便给此图题名《清趣》。祖安先生还与中国美术学院叶常青先生合作，一位题字，一位画画，以璧合之作赠给姚国坤。

章祖安为姚国坤藏画书写的题字

二人交往始终维系于一盏清茶与一张墨纸，这也表现了中国茶文化与书画艺术天然的知音关系。唐代最杰出的书法家颜真卿担任湖州刺史时就格外礼待陆羽，二人引为知交。在颜体代表作《竹山堂联句》中，第一位起头吟诗者是颜真卿，第二位出场的就是陆羽，可见当时陆羽在一众顶尖文人组成的"湖州品饮集团"中地位之高。

2020年新年伊始，在迎春茶会上姚国坤碰到了曾在中茶所时的同事于良子。于良子是茶文化学者、西泠印社社员，也是书法篆刻的名家。他见姚国坤先生春风满面、思路清晰，还继续在为茶文化事业工作，当即写下了"相期以茶"的条幅，以示敬意。"相期以茶"四字是有典故的。1983年，哲学大师冯友兰先生与金岳霖先生同时过88岁的寿诞，冯友兰写了一副寿联赠给老友，上联是"何止于米，相期以茶"，意思是不能仅满足于活到88岁"米寿"，米字拆开是八十八，更要共同努力活到108岁"茶寿"，茶字拆开是一百零八。下联是"论高白马，道超青牛"，意思是说金岳霖先生在逻辑学方面的成就，可比战国时哲学家公孙龙"白马非马"之辩；论道方面，要超过道家始祖、骑着青牛的老子。

姚国坤的另一位老友，西泠印社"五老"之一的林乾良先生，为他写下"茶学泰斗"四字。姚国坤将于良子的"相期以茶"与林乾良的"茶学泰斗"两幅作品与自己的著作一起捐赠给宁波天一阁藏书博物馆永久收藏。此后，于良子又为他写下"泽被茗苑"，并题"姚老国坤先生事茶六十春秋，宏著等身，泽被茗苑，令人佩敬之至"。

中国国际茶文化研究会曾专门成立了茶书画研究院，当代许多名家常常以茶为题交流切磋，其中如肖峰、王伯敏、章祖安、吴山明、王冬龄、叶常青、林乾良、李茂荣、于良子等许多精于品茗与书画的大家都成为姚国坤的好朋友。这也印证了章祖安先生的题句："高山流水，终觅知音。"

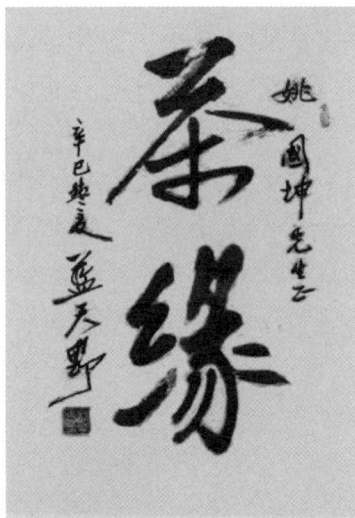

中国戏剧终身成就奖获得者蓝天野为姚国坤题词"茶缘"

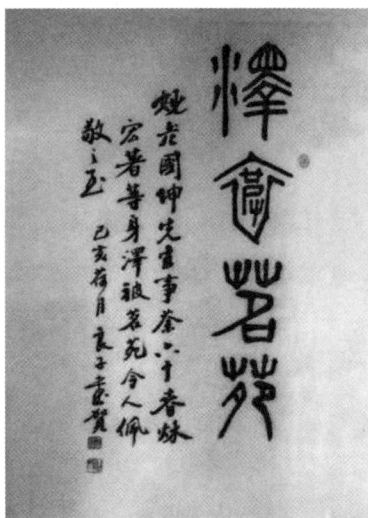

于良子题词"泽被茗苑"

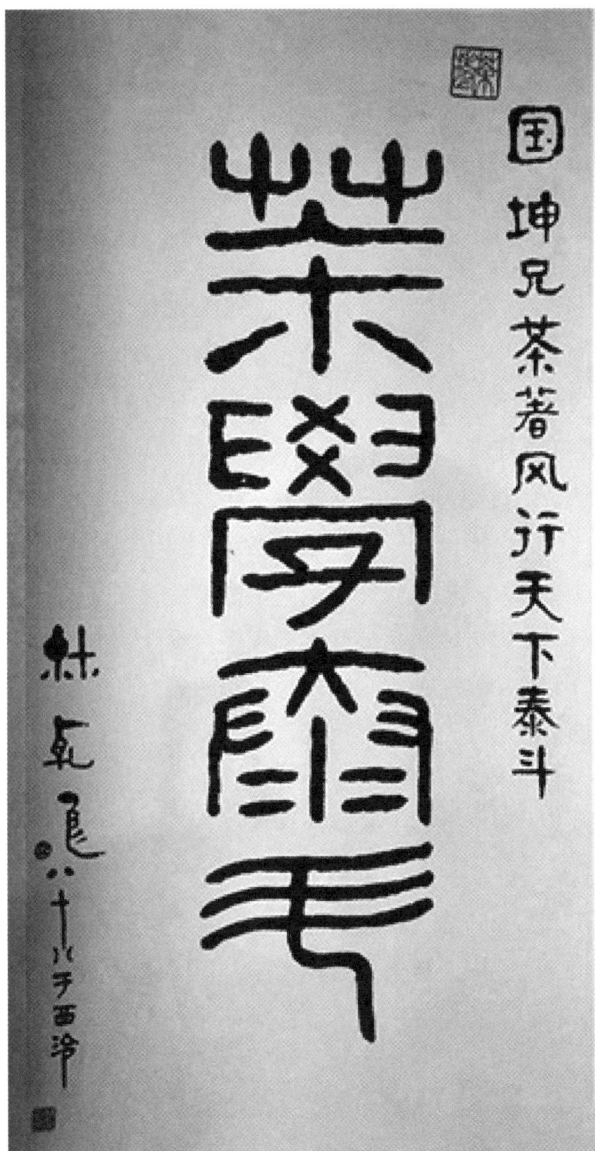

林乾良题词"茶学泰斗"

八、茶禅一味

21 世纪初，为了探究中国茶文化东传日本，姚国坤曾多次赴东瀛实地考察。特别是唐宋时期与中国茶文化东传相关的一些寺院，诸如日本静冈的大圆觉寺，京都的建仁寺、万福寺、大德寺、高山寺、金阁寺，奈良的东大寺、唐招提寺等。除了日本，他也遍访韩国寺院，如华严寺、海印寺、茶仙寺等。同时他与这些寺院的高僧大德探讨茶道渊源，结为良师益友。事实上，中国茶文化东传朝鲜半岛与日本，历代僧侣起过主导性的作用，他们是东亚茶文化的友好使者。

当然，探讨"茶禅一味"的根本还是在中国，因此姚国坤与国内佛教界的交往也很深。最初与高僧交往，始于 20 世纪末，当时姚国坤通过好友浙江省诗词楹联学会副会长周友生的介绍，结识了杭州灵隐寺方丈木鱼法师。二人多次提及茶与禅的关系，使姚国坤开始运用禅门的视角来考虑对茶的研究。木鱼方丈还为他题字"茶亦醉人"。

1999 年 5 月，姚国坤考察浙江天台山茶文化，先后去了国清寺、塔头寺、方广寺、万年寺、华顶寺等。通过调查，对中日茶文化交流的历史以及相互关系有了更多了解。

陈隋之际，智者大师（538—597 年）在天台山创立了佛教中国化的第一宗——天台宗。唐贞元年，日本高僧最澄至国清寺求法，回国后在京都比睿山创建了日本天台宗。11 世纪，高丽僧人义天至国清寺求法，又将天台宗传入朝鲜半岛。随着天台山佛教文化的东传，中日、中韩间茶文化的交流也随之开展。令姚国坤欣喜的是能在国清寺聆听可明方丈对禅茶文化和中日茶文化史的真知灼见，在观看寺藏文物时，也见到了唐时最澄来华的度牒、最澄大师入唐图等珍贵文物。

在天台山姚国坤还特别考察了"罗汉供茶"发源地方广寺。其中，中方广寺和下方广寺由国务院1983年发文列入汉族地区佛道全国重点寺观。就是那个时候姚国坤结识了月真法师。当时，月真法师是天台山方广寺住持、天台山佛学院教务长，对天台山与日本茶道渊源关系有深入了解。2003年，月珍法师到杭州永福寺住持，最早在杭州将茶禅以茶艺的形式展现出来，此后他又赴韬光寺住持，姚国坤多次前往拜访，有时一直探讨至晚上10点多才摸黑下山。

1999年10月，姚国坤随王家扬会长考察普陀山佛茶，见到了时任全国政协委员、中国佛教协会副会长、浙江省佛教协会会长、普陀山普济寺方丈戒忍法师，听他谈了普陀山佛茶的来历，使姚国坤对茶禅文化有了进一步的认识。此后，姚国坤多次应邀赴定海讲学，三次上普陀山拜访戒忍法师，反复探讨茶与禅的话题。

2001年6月开始，姚国坤又多次深入福建武夷山考察武夷岩茶，几乎每次都到天心禅寺与住持泽道禅师饮茶交流，相互探讨大红袍与佛教的渊源关系。姚国坤至今还珍藏着一个泽道法师赠送的宋代建窑茶盏。

2007年10月，姚国坤赴西安参加茶文化学术会议期间，由西安佛教研究中心副主任、陕西法门寺博物馆原馆长韩金科研究员陪同，拜访了中国佛教协会副会长、陕西省佛教协会会长、西安大慈恩寺方丈增勤法师，从他那里深入了解了大唐茶文化的兴盛以及对东邻与西域的文化传播与交流。

2020年10月1日，陕西宝鸡法门文化景区第二届中国茶文化高峰论坛隆重举行，姚国坤为大唐贡茶研究院揭牌，接受法门文化景区管委会的聘任，担任大唐贡茶研究院院长。他在中国茶文化高峰论坛上发言，积极推动陕西发展大唐贡茶文化产业。会后在常务副院长孙斌教授的陪同下，姚国坤、沈冬梅、任新来、姚佳等人，来到法门景区合十舍利塔下的地宫，瞻仰埋藏千年的佛骨真身舍利。

2012 年，姚国坤赴河北正定参加"2012 中国·正定北方茶博览会"，终于有机会访谒茶禅圣地——赵州柏林禅寺，对唐代赵州禅师著名的"吃茶去"公案有了更多的理解和感悟。

2003 年姚国坤就到过少林寺，2008 年 10 月他又随刘枫会长等到少林寺考察，并受到释永信方丈的热情接待，但每次行程都很匆忙。直到 2016 年 10 月 20 日，姚国坤受中国国际茶文化研究会名誉副会长、河南省茶文化研究会会长、河南省人大常委会原副主任亢崇仁的邀请，到郑州参加首届"中原禅茶文化论坛"。姚国坤发表了题为《日本高僧荣西在中日禅茶文化交流史上的地位与作用》的报告。会议期间，他在少林寺延芷法师的邀请下，专程前往少林寺体验禅茶文化。这次去少林寺，与释永信方丈才有了较为充裕的交谈时间。

那段时间释永信正是全国上下"毁誉参半"的新闻人物，而姚国坤的看法很简单，如人饮水冷暖自知。二人见面，释永信方丈热忱大方，笑容满面，双手合十致礼后，上茶后请他吃水果并说："我们见过面。"他的记忆力真好，将八年前的那一次会面记得清清楚楚。

谈及茶禅，他讲了达摩祖师的故事。说起禅与茶的源流，大家都会想到《碧岩录》中圆悟克勤禅师，或是三称"吃茶去"的赵州从谂和尚。而少林寺达摩祖师与茶早有渊源，据说达摩由印度远渡重洋来到中国，在少林寺后山山洞中打坐，面壁九年。少林寺的僧人们虽然不认识他，但出于慈悲，怕他饿死，所以送饭给他吃，但是送来的饭菜都原封未动，后来渐渐去看他的人就少了。达摩祖师不饮不食，在入定的第三年中，由于睡魔侵扰，让他瞌睡了一会。祖师清醒后非常愤怒，连昏睡这样的搅扰都抵挡不住，何谈普度众生？于是他撕下眼皮掷在地上继续禅坐。后来，从祖师扔下眼皮的地方长出一苗，慢慢长大成树，后来祖师凡在打坐逢有昏沉时，就采树枝上叶片来嚼食，可以去除睡魔，这树就是后来的茶。自此以来的禅僧也学习祖师，在坐禅时用茶汤来驱赶睡魔，养助清思。

姚国坤连连点头，其实这个传说他早已听过也写过，但这显然是一个民间传说，而非信史。释永信方丈接着表达，这个故事虽非信史，但表达了讲述这个故事的人们的一种心意，是对禅与茶结缘的一个印证。他接着说：茶有三德，其一坐禅不眠，其二帮助消化，其三抑制欲望。但这只是形表，禅人饮茶早已超出茶……茶中有佛，佛中有茶，人若执于己见，何能贯通万法。俗语说人非草木，我说人同草木，茶能让人回归自然，返璞归真。所谓茶道，就是说饮茶可以入道。茶道有烦琐程序，讲究极细微。但茶人之意不在过程，而应是最终的"道"。烦琐的程序是"戒"。持戒是为了入定，入定是为了入慧，也就是入道。给茶人创造良好的心态，以便品茶得味，即得人生之道。世人品茶多品味，禅人品茶多求道。茶乃平常之物，如穿衣吃饭，人人皆需，人人可用。就像佛法，一切众生有佛性，无高无低，圣凡平等，人人皆备，人人可悟。茶禅一味，人佛相通。佛法随时可见，禅道随时可入。只要有心，皆可觉悟。

至此，姚国坤对茶禅在形而上的理解更进了一层，茶道并不是靠人喝出来的，正如佛在心中一样，是靠心悟出来的。离别时释永信方丈还约他再来茶叙，二人在细雨中合影留念。后来释永信听闻姚国坤在编著《中国茶文化学》，工笔书写了书名条幅以表庆贺。

姚国坤在中国国际茶文化研究会工作期间遍访了杭州的灵隐

寺、天竺寺、净慈寺、径山寺，天台山的国清寺、方广寺、万年寺、华顶寺，宁波的天童寺、阿育王寺、雪窦寺、铁佛寺，温州的江心寺、雁荡山的灵峰寺，长兴的寿圣寺、吉祥寺，西安的大慈恩寺、青龙寺，宝鸡的法门寺，河北的柏林禅寺，以及山西五台山诸寺、安徽九华山诸寺等。通过近二十年的积累，以及僧俗两界的努力，逐渐形成了一股研究禅茶文化的力量，其中尤其以杭州灵隐寺为一个研究的重镇。姚国坤多次在灵隐寺与杭州佛学院为僧侣们讲茶文化课，也有缘与灵隐寺光泉方丈相识，并结为至交。

2019 年 6 月，由中国茶禅学会主办，杭州市佛教协会、杭州灵隐寺承办的"茶与禅学术研讨会"在杭州灵隐寺中举行，来自全国著名禅林的高僧大德参会。姚国坤应邀在这次讨论会上作了《我对茶与禅的认识与理解》的报告。报告分为三个部分：一是从五个方面阐述禅宗对茶文化的贡献，二是从农禅文化谈茶与禅的三个关系，三是对"茶禅一味"的三个认识与理解，特别对何谓佛（禅）茶提出了自己的见解。讲完后，获得了与会高僧的热烈鼓掌。在灵隐寺光泉方丈的大力推动下，"茶与禅学术研讨会"持续多年举办，中日双方如释光泉、熊仓功夫、中村修也、程启坤、沈冬梅、关剑平等重量级的佛学、茶文化学者不断深入这个领域进行研究探讨，可以说是中国目前在茶禅领域最重要的收获。

如今，姚国坤对"茶禅一味"的研究仍在持续深入，为了寻求此说的出典与源头，他先后多次去日本、韩国各寺院寻访，又通过国外学界好友继续寻找，可至今还未找到原始资料。诚如永信大和尚对他所言："这就是禅与茶的缘。"永远发人深省、耐人寻味。

九、推动产业的活动家

在此，可以看到正是在姚国坤等一代茶人的努力下，中国茶叶及茶文化的产业得到了发展与提升。

据 2000 年统计，全国有历史传统名优茶、当代创新名优茶 1 000 余种。经过 20 年发展，预计全国有名优茶 2 000 种左右。目前全国名优茶产量已达到茶叶总产量的 45% 以上，名优茶总产值要占到全国茶叶总产值的 75% 左右。截至 2019 年底，全国名优茶总产量为 125 万吨，占总产量 45%；名优茶总产值为 1 900 亿元，占茶叶总产值的 79%。今后，随着人民生活水平的提高，对文化生活需求的提升，全国名优茶将成为中国茶产业的"半壁江山"，日益受到生产者的关注，消费者的关心。姚国坤等专家还对贵州湄潭的茶产业、河南信阳毛尖茶产业等功不可没。

茶叶在深加工开发和利用方面也有了质的飞跃。人们对茶的天然、营养、保健和药效功能有了更深的了解和更多的需求。茶的保健制剂已开始进入临床试用阶段。茶作为一种添加剂和原料已在饮料、糕点、糖果、菜肴等制作中得到广泛应用。各地餐饮也巧妙地将茶融进菜肴。茶罐装饮料已步入成熟期，大量入市，如今年销售额已超千亿元。茶的利用还渗透到旅游、医药、化妆、轻工、服装、饲料等多种行业。

对这个领域的开发，姚国坤曾多次在各种场合宣传和呼吁，并以"中国抹茶文化复兴与重塑的思考"为题，在 2018 年中国贵州国际抹茶文化论坛会作了专题报告，他认为这是拉长茶叶产业链和茶叶惠民的好途径。

茶器产业的创新和发展异彩纷呈，如南宋官窑茶器、秘色瓷茶器、汝窑茶器、钧窑茶器、建窑茶器、长沙窑茶器等的仿制成功，以及众多著名茶器的创新和改进，使各类茶叶品种都能找到与自己相匹配的茶器。在茶器具研究方面，姚国坤很早就出版了专著，并发表了 10 多篇具有建设性的论文，甚至还参与了不少创作设计。

在第四届茶与丝绸之路高峰论坛上（左起余悦、姚国坤、韩星海）

20 世纪末以来，茶文化旅游产业成为亮点，注重茶文化景观建设。福建的武夷山、广东的雁南飞、重庆的茶山竹海、福建安溪的茶叶大观园、浙江长兴的大唐贡茶院、贵州湄潭美丽茶乡、云南临沧茶文化风情园等都是在利用当地的茶文化资源与旅游相结合成为发展当地经济的一种新举措。在姚国坤等人的努力下，浙江杭州老龙井景点，已对十八棵御茶、宋广福院、龙井茶文化展厅进行了整修与恢复；梅家坞茶文化生态休闲村，又为西湖龙井茶文化景观建设增添了新的亮点。特别是浙江长兴大唐贡茶院最早的建设思路与展示文案，就是由"二坤"陪着刘枫会长共同研讨、制定的。

姚国坤对方兴未艾茶文化创意产业也有贡献。在文旅、影视、出版、艺术品经营、动漫等行业，出现了不少以茶文化为题材的产品，使之成为新的茶文化创意产业。在大型茶文化艺术呈现《中国茶谣》、中央电视台播出的六集茶文化纪录片《茶，一片神奇树叶》、美国纪录片《中国茶，东方神药》等作品的台前幕后都可见到姚国坤的身影。

姚国坤不仅是产业的推动者，也是社会活动家。进入21世纪后，茶文化学术活动十分活跃，茶文化正向着深层次渐进。在北京、上海、重庆、天津，以及云南的昆明、西双版纳、普洱，福建的福州、武夷山、安溪，广东的广州、深圳，浙江的杭州、宁波、湖州，河南的郑州、信阳，陕西的西安、汉中，湖北的天门，还有香港、澳门和台湾等地区，全年都会多次举行综合或专题的茶文化学术研讨会，它们从不同侧面、不同层次、不同方位开展学术研讨，深化了茶文化内涵，拓宽了茶文化功能。许多专门的研究领域，如唐代饼茶复原的研究、唐代宫廷茶道复原的研究、当代茶文化比较研究、宋代斗茶研究、茶马古道研究、茶叶对外传播研究等，都有姚国坤的身影。

近40年来，茶文物和茶文化古迹不断被发掘出来，并受到保护和修复。1987年，在陕西扶风法门寺地宫出土了一整套唐代宫廷金银茶器，同时出土的还有秘色瓷茶器和琉璃茶器。至今姚国坤依然是法门寺博物馆特约研究员。此外，在浙江长兴的顾渚山发现了唐代贡茶院遗址、金沙泉遗址，以及唐代摩崖石刻；浙江磐安发现了宋代的

姚国坤等编著《中国茶文化遗迹》

玉山古茶场；在福建的建瓯，发现并考证了记载宋代"北苑贡茶"的摩崖石刻；在云南西双版纳寺院中发现800年前用傣文书写的茶事贝叶经；在云南南部和四川西部考证滇藏、川藏茶马古道时，发现了许多与茶相关的古代茶事文物；在河北宣化的古墓道中，发现大量辽代饮茶壁画的同时，还发现了数量不等的辽代茶器。另外，在滇南原始森林深处，发现了大片的野生古茶树群落。其中，云南镇沅千家寨大片野生大茶树中，发现一株树干直径达1米以上，高达25米的古茶树。专家认为是迄今为止最高大、最古老的野生茶树。所有这些茶文物与遗迹都留下过姚国坤考察的足迹。

茶文物、茶古迹的发现和发掘是不可再生和逆转的茶文化资源，它为人们研究茶的历史、茶的文化，提供了最好的证据与资料。为此，姚国坤于2004年就搜集和编著出版了《中国茶文化遗迹》一书。

全国和省级举办的国际性、全国性、省市级举办的茶叶专题研讨会和大型茶文化活动每年大约有50次。这种以茶文化为载体，以促进茶经济为目标的茶事活动，得到了茶学界、茶文化界、茶经贸界的认可。由农业农村部与浙江省人民政府共同举办的中国国际茶叶博览会，是中国最大规模茶叶成果的展览会，从2017年开始，每年5月进行，落户杭州举办。广东多次召开的国际茶业博览会，每届吸引了数十万境内外客商、来宾和广州市民，取得了良好的经济效益和社会效益。全国各地举办的多种形式的茶文化节、茶博览会、交易会、名茶评比会、名茶品尝会、名茶拍卖会、茶乡旅游节等茶文化活动，它们都有一个共同点，那就是弘扬茶文化，促进茶消费，推动了茶经济的更大发展。这些活动中，大多都有姚国坤的身影，他不是策划者与组织者，就是以顾问、嘉宾的身份作为见证者和参与者。

截至 2019 年，全国有地市级以上茶叶专题博物馆 50 家左右。其中有不少都凝结着姚国坤的心血或接受过他的指导。如 20 世纪 90 年代建立的中国茶叶博物馆，2010 年建成的浙江长兴大唐贡茶院博物馆，以及 2020 年浙江绍兴建设的越茶博物馆等。

　　直至年近九旬，姚国坤还把中茶所的老同事、老朋友权启爱邀到台州三门，一起不求回报地帮助茶人章海萍及茶农种茶、制茶，建设"云茗共富工坊"。沿着湫水山自然保护区崎岖的盘山路盘到 700 多米海拔的山顶去考察、指导茶园改良。很多人不明白，在茶界做出过这么多大手笔的人物，为什么这把年纪了还要做这样一件"小事"？姚老笑而不答。在他眼里只要关乎茶与人，哪有什么大事小事。

　　姚国坤推动茶产业之活力充沛，参加社会活动之丰富，阅历交友之广博，一路行来真可谓落英缤纷、茶香满路。

　　姚国坤荣获杰出中华茶人终身成就奖时的获奖词是："弘茶海外担国事，立论茗德写坤灵。"这两句话褒奖的一是国际传播，二是著书立说。

　　除了早年支援非洲马里种植茶叶，帮助巴基斯坦建设茶叶中心以外，开始研究弘扬茶文化的姚国坤出国传播、交流茶文化的经历越来越丰富多彩。他对整个东亚茶文化圈在当代形成一个新的友好交流氛围作出了贡献。

　　国内除了台湾以外，他跑遍了每一个省、自治区和直辖市，几乎所有产茶区和销茶区都留下了姚国坤的足迹，重点考察了香港、澳门地区。国外他分别出访日本和韩国十余次，新加坡、马来西亚等东南亚诸国也不陌生。

　　1999 年 1 月，应日本 HRI 中国茶沙龙的邀请，姚国坤访问日本。2001 年 10 月，应日本静冈知事石川嘉延和韩国国会议员、茶人联合会会长朴权钦的邀请，姚国坤参加了在日本静冈举行的

"2001 世界御茶祭"与"茶叶学术研讨会",并先后对日本、韩国茶文化资源进行了考察、访问。2002 年 10 月,应日本中国茶协会会长山口纪子和日本宝千流煎茶道家元姊崎有峰邀请,他又考察了日本名古屋和北海道。2005 年 11 月,应日本静冈日中友好协会会长铃木重郎和韩国中国茶文化研究会会长姜育发的邀请,他对日本、韩国进行访问和实地考察。2010 年 11 月,受日本静冈县知事川胜平太邀请,他出席了静冈召开的世界茶叶节并考察日本茶业。

特别是 2002 年,中国国际茶文化研究会为了在全球更大范围内掀起茶文化事业的新高潮,姚国坤征得刘枫会长同意,走出国门,把国际茶文化研讨会第一次放到东南亚召开。他积极穿针引线,使第七届国际茶文化研讨会在马来西亚吉隆坡顺利召开。

姚国坤在第七届国际茶文化论坛会上作报告(右为马来西亚茶文化协会理事长萧慧娟)

姚国坤与韩国茶艺界朋友在一起

姚国坤曾赴韩国圆光大学讲课，被聘为客座教授，圆光大学邀请他留在韩国做访问学者，提出给予丰厚的年薪，并让他把夫人带去一起生活，姚国坤没有答应，只是坚持每年去讲学四次，因为茶文化的"根"在中国。

姚国坤频繁赴日本讲学交流时的经典形象是戴着一顶红色八角帽。他讲话口音很重，但肢体语言丰富，面部表情生动幽默，日本人听得津津有味，反正全程有翻译。因而每次讲课都大受欢迎，全场爆满。有几次讲座，日本的主办方还需要通过收费来控制人数，每位 3 000 日元。每次课后，日本听众要排着长队与他合影，姚国坤打趣说："我可不可以收合影费，每位 2 万日元？"他问翻译："为什么大家已经合了影，还要一个一个同我这个老头子合影？"翻译回答："他们说你不但课讲得好，而且幽默、可爱，是个大明星！"有一次他讲完课，下面听课的一位女士走过来送给他一幅画。姚国坤一看是一张漫画，活灵活现地画着自己的卡通形象！原来这位女士是位漫画家，名叫丹羽泉美。后来，为了贺姚老 88 岁米寿，上海著名茶人谈桃林以这张漫画为题材制作了一把"大福壶"。壶的正面铭文"国坤前辈、米寿荣庆、相期以茶、晚辈谈桃林敬颂"，另一侧刻有"山水如意图"。

日本漫画家笔下的姚国坤　　　　贺姚国坤米寿的"大福壶"

在积极构建东亚茶文化圈以外，姚国坤在中国国际茶文化研究会工作时还结交了许多西方茶人。晚年还远渡重洋，应邀赴美国讲学。2020 年 12 月，姚国坤应秘鲁因卡特拉协会（ITA）邀请前去指导茶叶生产，后因新冠疫情所致，改用线上视频讲课交流。

每一次出国访问和考察对于姚国坤都有重要的学术价值，回国后他都会撰写详细的考察报告，积累大量文字与图片，其中许多材料都被他编写进了《世界茶文化大全》一书。数十年来，姚国坤的足迹遍布 20 多个国家和地区，认识外国朋友数以千计，留下了许多值得记录的回忆。

日本奈良茶文化学者汤浅熏（左二）以茶道迎接姚国坤（右二）等

姚国坤（右）与日本茶沙龙执行董事工藤佳治（中）亲切交谈

姚国坤与日本静冈县知事石川嘉延（左）合影

一、老朋友的茶树原产地考

好多年前，我就从姚国坤先生那得到过两种松下智先生所著的日文茶书，一本很薄叫作《日本茶的自然志》，另一本很厚叫作《茶的民族志——制茶文化的源流》，一直作为可贵的学术资源收藏着，后作为参考书携往日本。

在日本，我的博导小熊诚教授以及佐野贤治教授每次谈到日本学界关于茶文化的研究，一定会列举三位学者：松下智、熊仓功夫、中村羊一郎。而这三位都是姚国坤先生的老朋友，其中以松下智先生最为年长，2019 年我拜访他时他已九十岁高龄。

1950—1961 年，松下先生首先系统地考察了日本本土的茶产地。1961—1962 年赴缅甸考察了一次，当时的缅甸已经开始内战，能够深入茶产区考察需要很大的勇气。1965—2008 年期间，他先后 7 次考察印度阿萨姆地区的茶产地，1968—1979 年他先后 6 次考察韩国茶和茶文化，1994—2015 年他又 6 次考察了越南的茶产地，2004—2010 年又先后 4 次考察了老挝的茶产地。

至于中国，更是松下智先生一生考察研究的重点。中国一进入改革开放时期，他就着手对中国茶产地进行全面考察，从 1980 年直到 2003 年，这 20 多年里他一共来中国 60 多次，其中系统考察云南西双版纳地区的古茶树就有 9 次，其他茶产地 50 多次，足迹遍及港澳台在内的中国各省、自治区、直辖市。

可以说松下智是用穷尽一生的方式来钻研一个课题，从而得出结论：茶树的原产地在中国云南省以及与老挝、越南交界的山区。在此之前，茶树原产地之争持续了一个世纪，自当代茶圣吴觉农先生在《茶树原产地考》一文中雄辩地提出茶树原产地在中国西南云贵川三省之后，与此观点基本吻合而又以外国学者的身份提出者就是松下智先生了。实际上，松下智先生一生的研究并非仅仅为了追寻茶的原产地这样一个结论，而是通过对这一结论的追寻，对几乎所有与茶相关的中国少数民族以及东南亚民族在茶叶制作、饮用方面加以系统的考察研究，显得尤为珍贵。

因此，他最初来到中国考察时受到了吴觉农先生的接见，吴老亲自安排要求各地对日本学者加以关照。其中多次考察就是在姚国坤的陪同下进行的，而在姚国坤考察日本茶文化期间，松下智先生也多次接待，正是在这样频繁的相互访问与考察中，两人结下了学者之间的友谊，并在"茶树原产地"等重要的学术观点上互相支撑、呼应。

特别在 2002 年 10 月，姚国坤接受日本中国茶振兴协会邀请去名古屋讲学时，时年 83 岁的松下智先生还特地以老友之谊到场听课，并以学者之交参加座谈，临别时虽有千言万语，最终归结于一句话："幸会！"

姚国坤与松下智先生（中）在名古屋合影（右为宋少祥）

那次见面后两位老学者长达 20 年没有再见面，直到 2019 年 4 月 20 日，我独自前往位于名古屋的爱知大学拜访松下智先生，做了一回信使。松下智先生大半生供职于爱知大学，他当年的《日本茶的自然志》一书就是该校历史悠久的"综合乡土研究所"的成果之一。我在学术报告厅参加了松下智先生由"三河民俗谈话会"安排的学术讲座。讲座的题目正是他一生学术考察与研究的最紧要问题——茶原产地的探究。学术讲座持续了两个小时，90高龄的松下智先生如春蚕吐丝。讲座结束后，我走上去打招呼，并送上姚国坤先生的学术著作《惠及世界的一片神奇树叶——茶文化通史》以及亲笔信。我翻开绪论指给松下智先生看，姚老师特意画了线，在谈到中国是茶树原产地的问题上引用了松下智先生的论点。由此可见，当今已经成为茶界通识的原产地观点，正是由中日几代学者穷尽一生来完成的。

日本老学者已经老到喜怒不形于色，但收到老朋友的著作和亲笔信是一个意外惊喜。当晚，由三河民俗讲谈会的组织者伊藤正英先生安排，十多位学者按照日本惯例到了当地的一家居酒屋小酌，以便继续轻松交流。松下智先生一定邀请我同去，拉我坐在他身边。他告诉我当年立志研究茶叶原产地与民族方面的课题时差不多就是我现在的年纪，这个选题最早的启示来自他的一位老师叫作志村乔，由于他的研究需要大量民族学方面的知识与方法，又得益于老师白鸟芳郎。白鸟芳郎教授是日本民族学家，对东南亚、中国南方的少数民族有深入研究。而在历史学方面松下智的前辈是赫赫有名的中国史学家布目潮沨，也是日本中国茶文化史研究的开创者，在日本被称为"茶经博士"。

松下智先生 1980 年开始来中国考察时，首先就受到了当代茶圣吴觉农先生的首肯与支持，此外他还拜访了安徽农业大学的陈

椽先生、浙江农业大学的庄
晚芳先生、湖南农业大学的
陈兴琰先生等一大批茶界的
资深学者，并获得了他们在
考察和研究上的帮助。谈到
与他同辈的学者姚国坤时更
是满面春风，看得出那是一
段艰辛而又愉快的时光，在
平静的表情和语气中流露出
了自豪。晚年，他在静冈县
袋井市将自己的研究成果，
以及考察中搜集到的大量实
物资料建成了一个世界的茶

作者潘城（右）与松下智先生

文化资料展示馆，每周六和周日开放，免费参观。

　　晚餐将结束时，伊藤正英先生轻轻说了一句，今天是松下
智先生的生日，那岂不是九十大寿？我赶紧看日子，4 月 20 日，
正巧恰是谷雨时节中国的"全民饮茶日"。这位老先生竟然谁
也不告诉，不吃蛋糕、不吹蜡烛，就这么平平静静地做了一场
学术讲谈会，回忆了一番他 60 多次到中国考察茶树原产地的人
生，收到最好的礼物就是来自中国老朋友的著作与书信。为表敬
意，我悄悄拍了一张老先生走路的背影。归途上我一直在想，这
一番机缘是姚国坤先生与松下智先生早在 20 世纪 80 年代就结下
的呀！

二、中日茶文化使者

　　1997 年 7 月，日本 HPI 株式会社"中国茶沙龙"事业部长工

藤佳治一行7人访问福建武夷山、安溪等乌龙茶产地。这次外事任务由姚国坤安排与协调，福建省相关部门接待了这批日本客人。那次，姚国坤未能赶到福建，与工藤佳治并未谋面，但日本朋友却对他心怀感激。

1999年1月，工藤佳治就以"中国茶沙龙"的名义正式邀请中国国际茶文化研究会赴日本访问，这就是姚国坤第一次到日本考察茶文化。工藤佳治特地安排他在日本欧姆龙公司总部工作的杭州老乡俞向红女士陪同，一路考察了大阪、京都、静冈等地。在东京考察的三天时间内，工藤佳治亲自陪同考察和讲解。最后，还亲自驾车送他们去成田机场回国。从此，姚国坤与工藤佳治便成了中日茶文化交流的好搭档，几乎成了年年相见的老朋友。

2006年11月，应日本日中友好协会副会长、静冈日中友好协会会长铃木重郎的邀请，姚国坤再访静冈，之后在工藤佳治的陪同下赴东京考察了三个收藏大量茶器的博物馆，使姚国坤对中日茶文化历史渊源有了更深的了解。

工藤佳治认为茶的根在中国，为了使中日茶文化源远流长，他在欧姆龙公司建立了一个"中国茶沙龙"，这个机构在日本的东京、京都、大阪、横滨等地弘扬和宣传中国茶文化，还专门主编出版了宣传中国茶文化的《茶事茶典》一书，并约请姚国坤写了"中国茶简史"等内容。他还先后培养茶文化学员不下2万余名。从2006年开始，每年选送几批弟子来中国国际茶文化研究会"中国茶指导员培训班"脱产培训一星期，如此连续五年听取姚国坤等专家的授课。自2010年开始，工藤佳治选定每年5月来杭州到姚国坤家中专程看望，直到新冠疫情暴发前从未中断。

姚国坤与工藤佳治

小泊重洋在中日茶文化界是一个知名人物，他曾担任日本静冈茶之乡博物馆馆长，是中日茶文化交流的友好使者。姚国坤与之相识于1998年杭州举办的"第五届国际茶文化研讨会"上。1999年1月，姚国坤与杨招棣第一次出访日本。参观茶之乡博物馆时，就由小泊重洋全程陪同讲解。参观后，他还特地召集全馆中层以上干部与姚国坤一行座

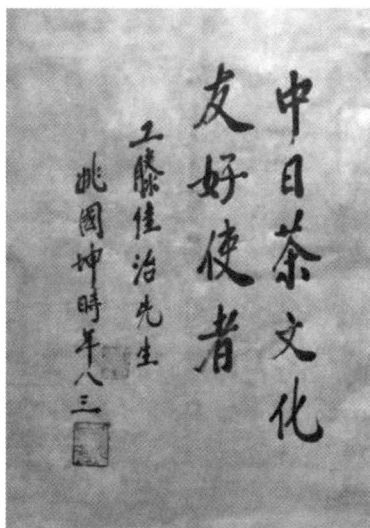

中日茶文化友好使者

工藤佳治先生

姚国坤时年八三

姚国坤给工藤佳治题词

谈，真诚地请姚国坤等对日本的茶文化发展提出意见。小泊重洋又于 1999 年 10 月和 2001 年 7 月率团来杭州考察，都由姚国坤全程陪同。此后，两人互访交往 20 多次。

按照小泊重洋自己的说法，他自 20 世纪 70 年代末以来，到中国有 80 次以上，其中一半来杭州。一是因为中国浙江与日本静冈是友好省县，二是因为 20 世纪末至 21 世纪初，全世界只有两个茶叶博物馆，一个在中国杭州，另一个就在日本静冈。

1999 年秋摄于日本茶之乡博物馆（左起杨招棣、小泊重洋、姚国坤）

小泊重洋个子不高，总是笑容可掬。他的衣着打扮、待人接物、饮食起居都呈现出日本人固有的节俭和朴实，身上处处显示出很高的修养。他早年毕业于日本岐阜大学农学部。参加工作后，先是在静冈农业实验所从事茶树病虫防治工作，后调入静冈茶之乡博物馆任馆长。在博物馆任上，他要求每位职工能掌握一门外语，以便与境外参观者交流，努力把茶之乡博物馆办成世界一流的茶叶博物馆。再后来，他应挂川市市长和袋井市市长之邀去那里担任行政管理工作。退休后担任日本袋井市茶文化促进会会长一职，继续为茶文化事业贡献力量。

他在中国考察时，不论走到哪里都一丝不苟地把感兴趣的东西记录、拍摄下来，并耐心询问，认真聆听，追根究底。他喜欢中国博大精深的茶文化，坦言日本的茶文化还很薄弱，有很多不足，需要不断向中国求教。这种谦逊、认真的学习态度，是茶人的精神与茶人品德的体现。也使得静冈的茶之乡博物馆办得小而精，成为日本最重要产茶县的文化标志。如今连同整个静冈县的茶产业与茶文化，早已成为中国茶人趋之若鹜的考察地。

自 2001 年起，日本静冈每 3 年举办一次世界茶叶节，小泊重洋在其中扮演着重要的角色。至 2013 年举办第五届世界茶叶节为止，姚国坤 4 次受邀赴会。在 2004 年第二届茶叶节期间，小泊重洋特别送了一本日文版《中国茶文化》（日本株梓书院，2003 年 8 月出版）给作者姚国坤本人，并告诉他这是博物馆在采购馆藏图书时，他特地自己花钱额外多买了一本留着的。这让姚国坤感动不已，足见其人品与情谊。

三、世界茶文化研究会

姚国坤在日本的朋友很多，除了松下智、小泊重洋与工藤佳治几位，还有日本香川大学食品加工学教授清水康夫、日本茶汤学会会长仓泽行洋、日本熊本县东海大学的教授顾雯、日本亚洲文化国际交流会会长棚桥篁峰、日本煎茶小川流家元小川后乐、日本丹月流家元丹下明月、日本宝千流煎茶道宗家姊崎有峰、日本中国茶文化振兴协会会长山口纪子、奈良薰东庵主人汤浅薰等。

姚国坤（左二）一行在山口纪子（右二）办公室

左起姚国坤、仓泽行洋、滕军（北京大学教授）、陈文华（中国茶文化学科带头人）

静冈县知事石川嘉延递给姚国坤的名片上写着一句话："每天饮 8 克茶，吃 3 个橘子，有利于您的身体健康！"作为日本农业大县的知事还不忘在细节处做农产品推销广告。1993 年 8 月石川嘉延首次当选静冈县知事①，4 次连任，直至 2009 年 5 月请辞，是日本都道府县一级政府中任职时间最长的行政首脑之一。在他任职期间曾 3 次接待过姚国坤，以示对中国茶文化学者的尊重。

　　在日本茶道界，名望最高的学者也是与姚国坤在学术方面交往最深者就是熊仓功夫先生。熊仓功夫，1971 年毕业于东京教育大学文学部日本史学科，1978 年获文学博士。先后任京都大学人文科学研究所助教和讲师、筑波大学副教授和教授、国立民族学博物馆教授、国立民族学博物馆民族文化研究部长、综合研究大学院大学文化研究科兼任教授、国际交流基金日本语国际中心事业协力委员会委员、静冈文化艺术大学校长等职。他还曾在中国北京外国语大学、北京日本学研究中心、吉林大学讲授日本文化。熊仓先生主攻日本文化史，研究范围非常广阔，除日本茶道史以外，还在宽永文化、民间工艺、饮食文化和礼仪文化等多有建树。其著述丰赡，难以一一列举。《现代茶道史研究》既是他的茶文化研究代表作，也是填补现代茶道史研究空白的学术名著。他站在日本文化史的高度研究茶道，从茶道史管窥各个时代日本文化的特征。因此他的论述纵横捭阖，涉及专业范围广泛，触类旁通。

　　熊仓功夫曾 4 次在日本接待姚国坤，而姚国坤也 4 次在国内接待熊仓功夫，他们共同探讨中日茶道的发生、发展及未来走向。

---

　　① 相当于中国的省级最高行政长官。

　　2009 年 12 月，禅茶文化论坛在杭州灵隐寺召开，姚国坤再次与时任日本林原美术馆馆长的熊仓功夫相遇。其间，他提到茶文化学术持续研究的重要性，并就召开世界茶文化学术会议和筹建世界茶文化学术研究会达成初步意见。熊仓功夫回国后，中日茶文化界人士中村修也、程启坤、姚国坤、关剑平积极筹划，拟就召开世界茶文化学术研讨会和成立"世界茶文化学术研究会"做积极准备。2011 年 9 月，以"世界茶文化史上的陆羽《茶经》"为主题的"世界茶文化学术研讨会"在中国杭州召开，当时姚国坤发表的论文是《陆羽其人、其事与其绩》，熊仓功夫发表的论文是《陆羽〈茶经〉与冈仓天心〈茶之书〉》。会上和会后，二人就陆羽研究进行了充分讨论，熊仓功夫作为一名日本学者，对中国茶学研究之深，使姚国坤佩服不已。

姚国坤（左二）陪同熊仓功夫（左三）、中村修也（左五）在长兴大唐贡茶院考察

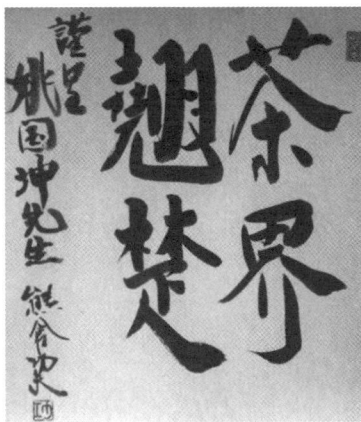

姚国坤与熊仓功夫　　　　　　　熊仓功夫为姚国坤题词

　　2012 年，经熊仓功夫的努力，世界茶文化学术研究会（日本注册）宣告成立，姚国坤被任命担任世界茶文化学术研究会副会长。熊仓功夫为姚国坤亲笔书写了委任状。2013 年 9 月，双方又在中国杭州召开了以"世界茶文化史上的荣西《吃茶养生记》"为主题的"世界茶文化学术研讨会"。这次会议上，姚国坤发表了《荣西上天台山的来龙去脉与茶事踪影》一文，再次与熊仓功夫、高桥忠彦、中村羊一郎、中村修也等著名日本茶文化学者切磋茶文化学术理论。2014 年 10 月，在杭州浙江宾馆召开的第三次茶禅学术交流会上，姚国坤发表了《宋代中日茶禅文化的交流与影响》，与包括熊仓功夫在内的日本著名茶文化专家又一次进行交流。姚国坤与熊仓功夫携手合作，分别在中国和日本用中文版和日文版分别以总编的身份出版了《陆羽〈茶经〉研究》和《荣西〈吃茶养生记〉研究》两部重要的著作，为中日茶文化学术交流史增添了新篇章。熊仓功夫为了表达对姚国坤的钦佩之情，亲笔题写了"茶界翘楚"四字，请他的弟子浙江农林大学茶文化系主任关剑平教授专程送到姚国坤手中。

四、中韩茶文化使者

中国的茶传播到朝鲜半岛早于日本，韩国在整个东亚茶文化圈中有着至关重要的位置。姚国坤考察韩国十多次，结识了许多韩国茶界的朋友，对韩国茶礼有比较全面的认识。他分别应韩国茶人联合会会长朴权钦、韩国圆光大学茶文化系主任李真秀，以及韩国釜山女子大学等邀请去韩国访问和讲学。

其中，与姚国坤交往最为密切的就是姜育发教授。姜育发出生于中国台湾，幼年随外交官父亲赴韩，就读于韩国檀国大学毕业后返台。第二次赴韩担任韩国诚信女子大学校茶学系硕导教授，几十年来一直从事茶学教育工作。后任韩瑞大学健康增进大学院茶学系研究生导师、主任教授，兼韩国国际普洱茶研究院院长，韩国中国茶文化研究会会长。退休后受聘于中国山东日照国际黑茶研究院担任首届院长。姜育发教授还是著名台湾歌星姜育恒的亲哥哥，不过他醉心的是茶学，致力于茶文化研究，多年来足迹遍布中国各大产茶地，尤其对普洱茶的研究国际知名，他也是中韩茶文化交流的友好使者。

姚国坤与姜育发的交往始于1996年5月，当时第四届国际茶文化研讨会在韩国首都汉城（今首尔）召开。姜育发请与会的中国代表团成员程启坤转送给姚国坤一件韩国风情的小屏风作为小礼品。1998年10月，姜育发来杭州参加第五届国际茶文化研讨会，二人见面，成为好朋友。以后，几乎每隔两年召开研讨会时就见面交流。姚国坤还提名姜育发担任中国国际茶文化研究会的荣誉理事。

2001年4月，姜育发率领韩中茶文化交流团一行来到杭州

姚国坤与姜育发在首尔

访问，同年8月他又和韩国sunwoo娱乐集团总裁姜汉荣一行来
考察，姚国坤都以老朋友的身份进行接待与文化交流。同年10
月，应韩国茶人联合会会长朴权钦的邀请，姚国坤赴韩国进行茶
文化考察。在济州岛考察茶博物馆时，忽然天气突变，大雪纷
飞，不到2个小时，竟然大地封冻，积雪30厘米以上，于是汽车
被迫停开，飞机停飞，考察组被围困在机场候机厅，吃饭都成问
题。在这种情况下，姜育发着急了，与机场管理部门多次沟通，
终于在航班开通后让考察组换乘首批航班飞抵汉城，总算有惊
无险。

　　2003年5月，姚国坤与张莉颖等出访韩国，由姜育发陪同在
汉城近郊会见了韩国陶艺大家申玄哲。申玄哲，号莲波，是韩国
文化部认定的国家级陶瓷工艺大师，姚国坤一行在申玄哲的工作
室观摩作品，还参观了他个人专用的柴窑。随后进行了座谈讨论，

话题从韩国陶瓷器具的起源、中韩茶具的因缘关系，直至谈到当今陶瓷茶具特点与今后发展趋势。分别时，申玄哲大师还送了一套他亲手制作的陶瓷茶具作品，又当场作了一幅画送给姚国坤作纪念。

姚国坤与申玄哲（左二）、姜育发（右）

2018年8月，在姚国坤与姜育发的努力下，中国茶叶博物馆举办了《时光如莲——申玄哲陶艺茶具展》并配合讲学。老友们相见交谈到晚上七点半，连吃晚饭也忘记了。

2010年10月，杭州市人民政府、中国人民友好协会、中国国际茶文化研究会在杭州联合召开"中日韩茶文化高端论坛会"，韩国李真秀教授率团参加，并发表了《关于茶文化对提升生活品质影响力的研究》报告。李贞秀就是姜育发教授的研究生，毕业于韩国诚信女子大学。姚国坤发表了《茶文化为世界和平与友谊架起了一座绿色的桥梁》的报告。

2016 年，姚国坤在组织编写《世界茶文化大全》的过程中，需进一步掌握韩国茶文化发展的新动态以及韩国茶礼的形成与演变的详细资料，就请姜育发提供。姜育发在十天内就将自己整理成册的所有资料悉数提供给姚国坤。可以看出茶文化学者之间友谊之真诚，突破了固有的文化壁垒。

五、美国茶友的一百问

姚国坤 80 岁那年携夫人第一次去美国讲学，一天一夜、黑白颠倒、日月穿梭，终于见到了老朋友奥斯汀。奥斯汀夫妇为了表达盛情，特地请姚国坤夫妇住在了亚利桑那州图森他的家中。两人总是在晚上讨论茶文化学术的问题到深夜。

认识奥斯汀还是在 2008 年 11 月，当时姚国坤出席海峡两岸茶业博览会，接到一位翻译递过来的名片，上面写着"国际名茶协会（美国注册）会长奥斯汀（Austin K）"。原来这位奥斯汀会长作了一番了解，希望访问精通中国茶文化的学者，于是通过那次活动找到姚国坤，

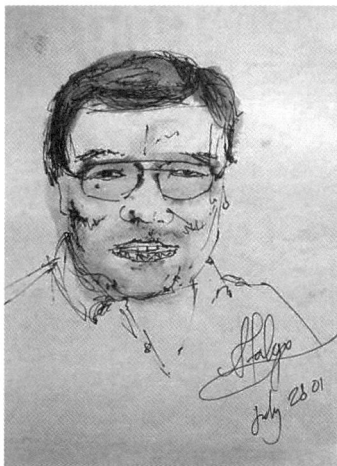
美国钢笔画家笔下的姚国坤

两人也开始了学术交往。因为当时忙于会议，两人只交谈了半个小时，奥斯汀高大魁梧，热情友好，正致力于世界名优茶的开发利用与标准制订工作。在认识姚国坤之前，他已实地考察过世界许多产茶国家与茶叶消费大国。至于对中国，更是情有独钟，云

南、贵州、四川、重庆、福建、浙江等众多茶区，他都实地考察过。奥斯汀完全是一位"中国通"，这也得益于他有一位中国重庆的妻子朱萍。

自此以后，姚国坤与奥斯汀几乎每年都有一两次见面的机会，他也成为姚国坤了解美国乃至世界茶叶问题的一个窗口。姚国坤每次都会与他谈到中国名优茶如何凭借自己的实力走向世界的问题。然而比起姚国坤询问美国人在茶方面的情况，奥斯汀希望了解的问题可以说是滔滔不绝，每次见面总有问不完的问题。从奥斯汀身上可以发现美国人强烈的求知欲，也说明美国人不仅热爱茶这种饮料，并且渴望寻求这种东方饮品中的文化内涵。并非我们需要输出，而是他们渴望获得。于是奥斯汀干脆以国际名茶协会会长的身份邀请姚国坤赴美，请他系统地解答美国茶界朋友们的问题，这才有了 2016 年 1 月的美国之行。

姚国坤与奥斯汀

在与美国各地朋友的交流中，姚国坤发现美国人很关心中国茶的质量安全问题。他从中国对食品质量安全的重视和监管说起，说明中国茶的总体质量是安全的。但中国是一个茶叶生产大国，茶叶生产种植规模化程度相对较低，茶叶生产分散经营，曾经也难免会出现"一颗老鼠屎坏了一锅粥"的情况。不过这早已引起国家有关部门的关注，茶叶质量监管工作正在严格执行，尤其是出口茶更是严格。

　　奥斯汀向姚国坤提出，现在国外出版了很多英文版的中国茶文化书籍，很多借鉴和抄袭中国已经出版的书籍和网上查找的知识。他们感觉很多历史没有说清楚，也没有考证，希望姚老师能列出多年来收集和总结的信息，把美国人的疑问解释清楚，并形成为可以查找和学习的资料。奥斯汀预先在美国征询各方意见，提出了一百多个犀利的问题，可以看出美国人对中国茶文化历史了解之深超乎想象。美国人不但充满了质疑精神，也对中国茶文

姚国坤（右一）在美国讲学期间与部分学者在一起

化有着巨大的热情。因为巨大的热情才能有如此认真的态度，如此深入地研究。姚国坤说："我去给美国人上了一课，美国人也给我上了一课！"但他还是在美国对所有问题做了一一解答，这一问一答之间让他对印象中"多种饮料并存"的美国人究竟对中国茶文化认识到何种层面有很大帮助。

2016 年 5 月，国际名优茶标准会议在美国拉斯维加斯召开，除东道主美国外，印度、斯里兰卡、加拿大、澳大利亚、俄罗斯等许多国家都派代表参加。姚国坤作为国际名茶协会专家委员会委员，再次受到邀请，但因年事已高，他向大会请假，并让自己的学生中国国际茶文化研究会办公室副主任梁婷玉代为参加。

2016 年 10 月，我陪姚老师到河南开封参加第十四届国际茶文化研讨会。研讨会上有来自美国、俄罗斯、德国、法国、西班牙、日本、韩国、马来西亚、新加坡、柬埔寨、斯里兰卡、匈牙利、澳大利亚以及中国香港、台湾等 16 个国家和地区的 500 余位专家学者。中国国际茶文化研究会首次举办了"茶祖印象杯兴文强奖"表彰典礼，姚国坤获得"特别贡献奖"，周国富会长亲自为

姚国坤陪奥斯汀访问中国农业科学院茶叶研究所（左起姚国坤、奥斯汀、中国茶科所副所长鲁成银）

他授奖。同时，奥斯汀先生代表美国国际名茶协会，聘请推进国际名茶发展、提高茶叶品质做出贡献的三位中国专家为顾问，姚国坤是其中之一。之后奥斯汀还是每年到杭州拜访姚国坤，有一次姚国坤请奥斯汀在杭州友好饭店共进晚餐，两位老朋友陶醉在西湖山水的夜景之中。

2019年5月，国际名茶协会再次邀请姚国坤赴美国拉斯维加斯参加名优茶标准制订会议，姚国坤再次婉言谢绝。2020年春，新冠疫情在全球蔓延，两位老友虽然远隔重洋、日夜颠倒，却因担心彼此反而联系更加紧密，互相鼓励，共渡难关。姚国坤晚年带着中国的茶文化与美国茶人的交流显得意义深远，就像在湖面投下一枚石子，泛起的轻轻一圈涟漪，波纹荡开复归平静，但文化的种子一经播撒，终有一天会在合适的时机萌发。

　　纵观姚国坤的人生，见证了中国的茶与茶文化从 20 世纪 50 年代开始恢复，80 年代开始复兴，直到今天取得的成就。复兴之路还是任重道远，关键在哪里？在兴办教育。

　　早在 1940 年抗战时期，吴觉农与孙寒冰就在重庆北碚建立了中国大学的第一个茶叶系——复旦大学茶叶系，从此茶学专业逐渐完善。20 世纪 90 年代开始，茶文化专题课程在一些大专院校开设起来。但是茶文化作为一门趋于完善的学科，在高等院校中却没有教材、没有师资、没有专业，更没有学院可言。2000 年，为适应全国茶馆业蓬勃兴起的需要，急需培养茶艺师和评茶员职业技能人才，在王家扬会长的积极关注下，由中国国际茶文化研究会牵头，联合中国茶叶博物馆、浙江省国际茶业商会，向浙江省人民政府相关部门提出报告，要求成立茶文化职业培训学校。3 月，浙江省劳动厅以《浙江复〔2000〕18 号批复》正式发文，同意举办浙江华韵职业技术学校。学校董事长为宋少祥，校长为杨招棣，姚国坤是负责教育的副校长，还有一位是负责后勤的副校长江万绪（时任中国茶叶博物馆党总支书记）。当时，海内外许多新闻媒体以中国有了第一所专门培养茶文化职业技能人才学校为题，做了专题报道，影响很大。此后，浙江华韵职业技术学校面向海内外，以不定期举办短期培训班的形式，专门培训各个等级茶艺师和评茶员数以千计。其中，为日本、韩国以及东南亚、欧美等国家和地区培养的茶艺师、评茶员就有七八百人。此后，姚国坤在当代高等院校茶文化教育领域做了许多富有开创性的工作。如今活跃在全国各地的大专院校茶文化专业的早期毕业生，大多出自他的门下。

浙大茶学系王岳飞教授向姚国坤赠送纪念茶饼

直到 2021 年，姚国坤还应浙江大学茶叶研究所所长、博士生导师，国务院学位委员会学科评议组成员王岳飞教授之邀，共同完成了"茶文化与健康"MOOC 课程，获得教育部的大奖。王岳飞是这样幽默地概括姚国坤的：

浙江大学茶学系杰出校友，中国农科院茶叶所研究员。

国际茶文化研究学术担当，有史以来写茶书最多的人。

茶科技茶文化高度集成者，好性格脾气最受茶友喜欢。

余姚人天台女婿是我师父，就是茶学大家姚国坤老师。

一、首创茶文化专业

回顾"茶文化"这个概念，20 世纪 80 年代，由姚国坤的老师庄晚芳率先提出，两岸茶人在这一概念上不谋而合。1989 年 9 月，在北京举行了国际性大型茶文化活动首届"茶与中国文化"展示周。1990 年 10 月，在浙江杭州举办了首届"国际茶文化研讨会"。1991 年 4 月，王冰泉、余悦主编的《茶文化论》由文化艺术出版社出版。1991 年 5 月，姚国坤等编著的《中国茶文化》（该书完稿于 1989 年 12 月），由上海文化出版社出版，这是第一本以《中国茶文化》冠名的著作，具有开创之功。1991 年，江西省社会科学院主办、陈文华主编的《农业考古》杂志推出《中国茶文化专号》，是当时国内唯一发行的茶文化期刊。1992 年，朱世英主编的《中国茶文化辞典》，则是第一部关于中国茶文化的辞典。1993 年 11 月"中国国际茶文化研究会"成立。同年，在江西南昌成立了"中国茶文化大观"编辑委员会，着手编写了《茶文化论丛》《茶文化文丛》。至此，"茶文化"这一新名词从 20 世纪 80 年代初提出后，至 90 年代初被确立了，表明从"茶文化"这个新名词发展到新概念，时间并不长，反映了茶文化发展的迫切与迅猛。后

姚国坤等编著的《中国茶文化》

来不断有人通过研究、总结和提炼，对茶文化的概念进行阐释，它们都从不同角度进一步完善了茶文化的概念。

至于茶文化学科建设，早在1991年余悦就撰文呼吁建立"中国茶文化学"，王玲也提出构建"中国茶文化学"。1995年阮浩耕、梅重主编的《中国茶文化丛书》、1999年余悦主编的《中华茶文化丛书》等都对茶文化学科的建立与建设进行了比较系统的专题研究。2000年，刘勤晋主编特邀姚国坤加盟编撰的《茶文化学》出版。2003年，安徽农业大学中华茶文化研究所被批准为学校人文社会科学重点研究基地，由丁以寿做负责人。

2002年上半年，时任浙江树人学院人文学院副院长的朱红缨教授专程找到姚国坤，谈及在树人学院创建应用茶文化专业的可能性。他们从分析全国茶文化的当前形势与今后发展需要入手，一直谈到建立应用茶文化专业的可能性与必要性，直至培养目标、开设课程，以及毕业生的就业与出路等问题，还征求了其他一些专家学者意见，最后朱院长从教学角度、后勤保障等方面，姚国坤从专业课程设置、师资力量建设等方面，综合提出一个方案，交由当时树人学院的校长朱玉。其间，时任中国国际茶文化研究会会长、浙江树人学院终身校长、浙江省政协原主席王家扬也与姚国坤专门为筹建这个专业谈话，叮嘱他参与创建，并加以积极支持。经过多方努力，终于促成了中国在大专院校中第一个茶文化专业——应用茶文化专业，学制三年，属大专学历，于 2003 年秋季开始招生。

茶文化专业创建后，当时归属人文语言学院管辖。姚国坤作为浙江树人学院专聘教授，还被任命为专业负责人，由学校校长朱玉亲自颁发资格证书。从此，因教学需要，他经常与朱红缨院长一边讨论、一边实践。其间，姚国坤重点做了三方面工作。一是根据课程设计，组建了相应的教师队伍及其培养计划。二是由姚国坤和朱红缨主编，组织著名专家学者，编写了中国首部高校茶文化试用教材，共六册，于 2004—2005 年陆续公开出版。三是为了摸清情况，姚国坤带头重点开设《茶文化概论》课程，他亲自走上讲台授课，不断发现问题，改进工作。就这样姚国坤于 67 岁那年，走上了教书育人的教师岗位。

正是从这个专业一路发展而来，2019 年 5 月浙江树人学院正式成立了国际茶文化学院。

在树人学院教书期间，姚国坤邀请日本的老朋友丹下明月女士成为他的"同事"。日本茶道"丹月流"初代家元，也是日本第一个开创流派的女性茶道家元丹下明月女士也为树人学院茶文化专业授课。丹下明月还是日本国际文化交流中心理事、韩国国际茶道联合会顾问。2010 年，她荣获"西湖友谊奖"，这是浙江省人民政府于 1997 年设立，为表彰外籍专家在浙江经济建设和社会发展中所做出的突出贡献和奉献精神的最高奖项。

1930 年丹下明月出生于日本一个贵族家庭，全家曾生活在中国东北，她于 1945 年从哈尔滨回到日本。但她却始终对中国充满感情，一生都通过修行茶道，心愿和平。她从 1960 年开始接触并研究茶道，于 1984 年创建了丹月流。丹下女士于 1991 年到中国大陆讲授日本茶道，从 1992 年起作为浙江树人学院的客座教授每年都会到树人学院讲授茶道。据初步统计，听过她茶道课或取得丹月流茶道证书的学子已有千余人，他们表演茶道的招式，或多或少会体现出丹月流茶道的风格。日本茶道本身的技巧性和操作性都十分特别且极具讲究。丹月流茶道的一招一式都有其独特的内涵和意义，在面对要求如此繁多、难度颇高的日本茶道，丹下明月女士不厌其烦地用她那份非凡的耐心和执着，帮助同学们解决了一个又一个难题。令人钦佩的是，除由树人学院负责到机场接送和杭州的食宿外，丹下明月女士一直是免费授课，自行负责往返机票，并多次为树人学院的茶文化专业捐款，以及捐赠茶具、和服、书画等，延续了近 20 年，从未间断。

2010 年，丹下明月毅然卖掉自己在日本的一处别墅，将卖房所得款项以及她在日本募集的钱款共计 2 130 万日元全部捐献给中国茶叶博物馆，用于博物馆的二期建设。

姚国坤曾在她中国的嫡传弟子张莉颖女士的陪同下，二次去丹下明月在日本神奈川县镰仓古都的家中访问，他们共叙友情、同谈茶事、广论文化。2013 年由姚国坤担任学术顾问的中央电视台纪录片频道创作的六集纪录片《茶，一片树叶的故事》中就专门讲述了丹下明月的故事。

2017 年 8 月，八十七岁的丹下明月女士走了，国内对她的悼念寥寥。我整理有关她的资料，找了姚国坤老师、王旭烽老师以及张莉颖女士提供的有关照片，获得了一批 90 年代她来中国传播丹月流日本茶道的照片，十分珍贵。

2019 年初，我在日本时赴镰仓古都考察，受姚国坤先生的嘱托，希望我寻访丹下明月的茶室，代他敬上一瓣心香。我在考察镰仓五山时终于寻找到了丹下女士的故居，也是她的茶室与庭院"明月院"。在黄昏中，我独自站在幽静的庭院中鞠了一躬。感受她的茶道祝福着和平，她对和平的理解，也远比一般人深刻。我还记得纪录片中关于她的镜头，在寒风中，苍老的她还像个单纯的小女人一样送出心中对和平的祈愿。我拍了一张人去楼空的茶道庭院照片发给姚国坤老师，并写下一句话：一轮明月照丹心。

姚国坤在日本丹下明月（右二）家中做客（右三为中国国际茶文化研究会副会长沈才土）

二、首创茶文化学院

我本科一毕业就开始在中国第一个茶文化学院工作、任教，也因此与姚国坤先生有了师生之谊，了解这所学院的建院始末自然是分内之事。

据姚国坤回忆，大约从 2004 年底开始，时任全国政协文史和学习委员会副主任、中国国际茶文化研究会会长、浙江省政协原主席刘枫同志，根据当时全国乃至世界各国迅猛发展的茶文化盛况，特别指定由杨招棣及姚国坤牵头，设法筹建中国第一所茶文化学院，为此杨、姚二位通过调查研究和实地考察，直至学院设立、设施配置、学科和师资建设、培养目标等方面，做了客观的评估和许多前期的准备工作。

2005年9月，刘枫同志亲自找了时任浙江省教育厅厅长侯靖方谈了建立茶文化学院的重要性和必要性，并谈了对筹建茶文化学院的设想和打算，得到省教育厅领导的全力支持，提议茶文化学院可以建在浙江林学院（今浙江农林大学），是中国国际茶文化研究会与浙江林学院联合办学。浙江林学院当时的党委书记陈敬佑高瞻远瞩，马上投入力量，做了大量的工作，包括后来全力调入当时还在浙江省作家协会担任常务副主席的茶文化学者与茅盾文学奖得主王旭烽。

建立学院定下来以后，刘枫同志多次带领杨招棣、姚国坤等与浙江林学院校领导陈敬佑、周国模等讨论研究，并为学院经费筹集和土地征集做了大量工作，取得了大的成果。最早大家提议请姚国坤出任院长，姚国坤说："这段历史你们可能都不知道。其实后来是刘枫同志不放我去，他考虑了半天，说老姚你还是不能去当院长，你一当了院长就脱不开身了，大小事情都要你批。研究会办公室、学术部的工作怎么办？刘枫同志就去跟陈敬佑书记讲，老姚就去当一个副院长吧，再配一个助手，每星期去几天抓一抓教学和外联工作。"最后商定，刘枫同志任名誉院长、浙江林学院旅游学院院长俞益武兼任院长，姚国坤任副院长并负责教育科研和对外联络。为方便工作，学院还专聘方雯岚任院长助理，联系和协助姚国坤工作。不久，茅盾文学奖得主王旭烽教授作为专门人才，正式引进担任茶文化学科带头人。差不多时间，浙江大学茶学系的苏祝成博士、副教授也调进来当茶文化专业负责人了（后任茶文化学院副院长）。接着，随后一批青年教师也陆续加盟，师资队伍基本形成，我也是其中的一员，也因此结识了姚老师。记得当年，每周姚老师来学院一天，那时食堂的地面很滑，都是我搀扶陪同用餐。

刘枫（中）、姚国坤（右）、俞益武（左）为浙江林学院茶文化学院教学楼选址

2006年春，在浙江林学院举行茶文化学院挂牌仪式，教育部、浙江省教育厅以及兄弟单位领导派员祝贺，并于当年秋季开始招生，这是中国教育史上出现的第一所以茶文化命名的学院，也是中国第一个以本科四年制为培养对象的茶文化专业。姚国坤成为茶文化学院最早的元老，此后多年一直担任副院长，我也做过一段时间他学院工作方面的助手。由此，姚老师像一位慈爱的父亲那样，扶着我们茶文化学院成长，也看着我们十多年来的进步。

正是因为筹建茶文化学院，姚国坤与茅盾文学奖得主王旭烽成了同事。其实他们的相识始于20世纪80年代末，那时王旭烽已经开始集中精力写她的代表作"茶人四部曲"①的第一部《南方有嘉木》，经常去向茶界泰斗庄晚芳教授讨教学问，而姚国坤是庄先生的得意门生，因此就多次在庄先生家中与王旭烽相遇，这位大作家当然也就成了姚国坤名副其实的"小师妹"了。

王旭烽出生于浙江平湖，一直在杭州生活，早年毕业于杭州大学历史系。1990年前后，王旭烽正在岳坟曙光路上的一幢简易楼里埋头忙于筹建中国茶叶博物馆的工作，而姚国坤正好应筹建茶叶博物馆负责人张子华之邀，以顾问的身份多次参与其事，于是对王旭烽有了更多的了解，知道她是一位才女，既懂历史，又擅长文学。果然，中国茶叶博物馆建立之后，王旭烽受邀为中央电视台的早期茶文化专题纪录片《话说茶文化》撰写剧本，之后调入浙江省文学艺术界联合会、浙江省作家协会工作。

1996年，王旭烽以杭州茶人世家兴衰为背景的长篇小说《南方有嘉木》横空出世，在文学界以及茶文化界掀起了一阵狂潮，作品获得中宣部"五个一工程"奖，以及浙江省鲁迅文艺奖。2000年，她又凭借"茶人四部曲"的前两部荣获第五届茅盾文学奖。该作品展示了杭州一个茶叶世家的兴衰沉浮，着重通过忘忧茶庄三代茶人的命运悲欢的展示，对茶的精神、茶人精神的透视，演绎出中华民族所不可或缺的具有永恒价值的中国人文精神、民族精神、人类文明精神，塑造了中华民族之魂。这在茶及茶文化界而言，是开天辟地第一次，这更是刷新了姚国坤对这位小师妹的认识，要完成如此浩瀚的文学工程，并在一百多万字的作品中将中国茶文化的方方面面融入其中而没有差错，这让姚国坤翘起了大拇指，既欣慰又敬佩。在两人共同的恩师庄晚芳先生

① 茶人四部曲：《南方有嘉木》《不夜之侯》《筑草为城》《望江南》。

的葬礼上，姚国坤目睹着王旭烽将《南方有嘉木》与庄先生的骨灰盒同入墓穴，以作品告慰先师在天之灵。

2006 年王旭烽调到浙江林学院，担任茶文化学科带头人，此后又出任院长。其间，姚国坤与她精诚合作，亲密无间，共谋茶文化教育事业发展。王旭烽所做的各项开创性的工作中，都不乏姚国坤的参与和鼎力支持。如根据教育需要，她编著了《品饮中国——茶文化通论》作为茶文化专业试用教材应用，该书最初由中国农业出版社出版，就是由姚国坤极力推荐的。为了让茶文化学院在全国乃至国际范围迅速提升知名度，2008 年王旭烽编剧、总导演的《中国茶谣》大型茶文化艺术呈现，登上联合国世界茶业大会的舞台，姚国坤则担任该剧的文化顾问，也因此解除了茶界对这种全新的茶艺术形式的质疑声，让作品一炮打响。2010 年后王旭烽带着茶文化全体师生开拓茶文化的国际传播事业，不仅与塞尔维亚诺维萨德大学共同建立了有史以来第一所以茶文化为背景的孔子学院，更在国家汉语国际推广领导小组办公室（现为语言合作交流中心）、孔子学院总部的支持下筹建成立了汉语国际推广茶文化传播基地，为世界多个孔子学院提供了茶文化技艺的培训任务，其培训教材最初的提纲就是由姚国坤起草的。

中央电视台纪录片

姚国坤与王旭烽一起品茶

179

频道的导演王冲霄慕名找到姚国坤先生，希望由他出任中国第一部关于茶文化传播到全球的六集大型纪录片《茶，一片树叶的故事》的学术顾问。姚国坤第一时间想到了王旭烽，向导演推荐总撰稿人非她莫属。当时电话打来还是我先接到的，生怕是有人以"央视"之名招摇撞骗，后来又是姚老师从中协调，才打消了茶文化学院的顾虑。正是在姚国坤和王旭烽的配合下，央视纪录片频道在 2013 年推出了这部茶文化纪录片的杰作。

姚老说："论年龄，旭烽比我要年轻一辈，但论智慧，特别是在茶文学艺术方面的建树，比我技高一筹，说她是茶文化与艺术领域的一位领军人物，或者说是一面旗帜，一点也不为过。在我一生中，她是茶文化战线上最让我肃然起敬的一位女性。"说到王旭烽的敬业精神，姚老还多次对人说过："旭烽不但才华横溢，思路敏捷，而且还是一位实干家，每天工作到深夜，甚至凌晨。有一次，我与旭烽在贵州湄潭开会，凌晨一两点钟，房间的电话铃声突然响了，是旭烽的声音，她竟然还在为第二天的发言核实材料，有几个数据要问我。我提醒她，已经是后半夜了，该休息了。她才连连说对不起，因为忘记时间了！"挂断电话后，姚老不无感慨，旭烽能取得如此成就，是她自己努力奋斗的结果。其实姚国坤乃至许许多多为茶文化教育、科研奋斗的茶人们都有着这份敬业的精神。那次从贵州回杭后，王旭烽又急忙邀请姚国坤一同去杭州花家山宾馆，向浙江省委宣传部领导做专题汇报，最终争取到了重要的茶文化新课题。

2019 年 5 月，第三届中国国际茶叶博览会在杭州国际博览中心召开期间，根据王旭烽长篇小说《南方有嘉木》改编的电视剧项目启动仪式在博览中心举行，姚国坤作为重要嘉宾受邀出席。与此同时，王旭烽以一颗茶人的善心，为一位孤儿在活动现场精心策划、筹备了一场"茶式婚礼"。王旭烽特别邀请了姚国坤作为女孩父母的代表及证婚人出场，这对青年当场感动得流出了喜悦的泪水，这段佳话令姚国坤非常难忘。

三、著作等身

姚国坤称自己是"书呆子""写字匠"。"写字匠"这个自称令我印象深刻。这么多年来姚国坤老师在我的眼中与心中确实是这样一种平易而辛劳的形象。他到任何地方考察，虽然是德高望重之辈，常与身边的人拉些家常话，很少大谈学术与专业，这就与许多夸夸其谈的"大师"颇为不同。只有请他正式发言时，他才会谈出非常专业的内容。他勤奋著书几十年如一日，埋头苦写，将各种茶及茶文化方面所见所闻所集的材料，如"老蚕吐丝"，绵绵不绝，皆付诸笔端。他的研究与写作确实是一种匠人精神的体现，著书立说却从不见他搞作品研讨会、发布会等，也未曾因一词一句与谁大打笔战、一争短长。他在乎自己的著作，一丝不苟，书出版后他就立即投入下一阶段的研究与写作。所以说，他的自比"写字匠"倒是十分贴切。

姚国坤写书不仅是他的工作，也是他的乐趣，可以说是最爱，甚至到了痴迷的程度。大约从他60岁开始，20多年间无论双休日、节假日，甚至大年三十和正月初一，他都会坐在家里，像苦行僧那样专心埋头写作。一杯茶、一支笔，不以为苦，自得其乐。姚国坤曾给自己规定，每天至少写2 000字，如此坚持20多年。如果哪天没有写作，总觉得缺了什么，即使出差在外，也总会带上手提电脑，在行程满满的研讨会、考察活动等一天忙碌下来，回到酒店房间他能马上把自己从繁忙、热闹的情绪中抽离出来，开始写稿。我曾有过若干次在各种研讨会活动中与姚老师相遇，晚上茶人们总是利用这样的时机喝茶交流，很多茶人甚至可以饮茶聊天通宵达旦，但只有姚老师依然独处写作。

姚国坤编著出版的书有 70 多种，加上主编的版本总共近 100 种，叠起来究竟有多高谁也没试过，要说"著作等身"并非言过其实。

为了办中国第一个茶文化专业，姚国坤组织一批重要的茶文化专家团队编写了全国第一套大专院校茶文化专业试用教材六种：《茶文化概论》《茶叶加工技术与设备》《茶业经营与管理》《茶叶对外贸易实务》《茶的营养与保健》《茶树种植》，由浙江摄影出版社于 2004 年开始用了两年多时间陆续出版完成。2006 年姚国坤筹建了浙江农林大学茶文化学院，又担任主编，组织青年教师编写了"茶与三教"丛书，分别是《茶与儒教》《茶与道教》《茶与佛教》，由上海文化出版社出版。2010 年我也有幸与姚国坤老师合著《一千零一叶：故事中的茶文化》，他在向出版社编写提纲后，提议由我执笔撰写，等出版时又再三坚持署名放在我之后，显然是有意提携后辈，令我感激。

姚国坤通过几十年时间，足迹遍布全国乃至世界各地，他精心采集海量茶文化图片资料，陆续完成了"图说茶文化三部曲"：《图说浙江茶文化》《图说中国茶文化》《图说世界茶文化》。此外还编写了《中国茶文化遗迹》《图说中国茶》《饮茶习俗》《中国古代茶具》《茶圣·茶经》《饮茶健身全典》《西湖龙井茶》《中国名优茶地图》《茶文化概论》《名山、名水与名茶》《清代茶叶对外贸易》等。

姚国坤的茶文化专著，不务虚只唯实。很少在他的书中读到形容、描写和感悟，他的作品是丰满的史料、佐证和见解，而与其他茶文化学者不同的是，姚国坤的书特重数据，少推测。令人印象深刻的一本书就是《中国清代茶叶对外贸易》①。此书中有着整个晚清时期中国茶叶出口从广东十三行的一口通商到鸦片战争后的五口通商，再到多口通商。无论年份、通商城市的茶叶出口产量、金额，详尽至极。成为此后关于这段历史研究重要的史料根基。

当年澳门特区政府为改善以往澳门只重视博彩业的形象，大力重视和挖掘澳门的历史文化，特别是茶叶的输出，澳门在历史上占有重要的一席之地。为此澳门民政总署派人找到姚国坤，希望写出一本特别注重史实的书。据姚国坤回忆，当时的资料收集来自三个方面：一是采自原有出版的历史文献，二是澳门方面提供的原始材料，三是通过私交由众多学术界的朋友提供，最后经过反复比对、思考，不断补充而成。这种写作方法与他原本从事自然科学的研究大有关系，茶学的试验结果一定要以数据说话，调查结果也一定要以数据为依据，而最终的结论，同样要通过数据分析去说明。这种自然科学的精神被姚国坤带入到茶文化研究中来，他认为数据最能够说明问题，否则很多茶文化研究容易有想当然之嫌。

2014年12月，凭着多年积累的资料，姚国坤编著出版了48万字的大作《惠及世界的一片神奇树叶——茶文化通史》。茶是中国古老又年轻的植物，是农业文明的代表，也是农业文化的结晶。茶文化，源于中国，兴于亚洲，传播于世界，惠及于全人类，融入人民生活品质之中。如今，茶及茶文化已渗透到地球的每个角落，成为全球人民的共同财富，这是中华民族对人类文明做出的又一重大贡献。植物学家认为，茶树植物的起源，要比人类出现历史还早得多。如果单从茶的发现和利用说起，也有几千年历史

---

① 澳门特别行政区民政总署文化康体部制作，2007年6月出版。

第八章　著作等身桃李天下

了。那么，最早的茶树发生在哪里？茶是怎样被发现和利用的？茶又如何繁衍后代走向全国，继而走出国门惠及世界，成为全球一大产业的呢？还有随着茶的发生，茶文化又是如何在世界范围内发展壮大起来的？茶在发生和发展过程中，又对人类生活和社会发展产生了哪些影响呢？今后，茶又会走向何方，出路何在呢？茶，真是一片神奇而又变幻莫测的树叶！它看得见，摸得着，闻得到，但猜不透，说不清，道不明。所以，自唐代陆羽《茶经》开篇以来，历经1 200余年，世间有关茶及茶文化的专著、论文、考据、杂述等洋洋大观，却至今还不见在世界范围内，出版过几部有关专门阐述茶及茶文化史及其对人类产生深远影响的史册。究其原因，固然与这部书的写作工程浩瀚、工作量大、要查证的资料多等因素有关，还与作者所要承担的历史使命，以及茶及茶文化事业日新月异的变化有关。

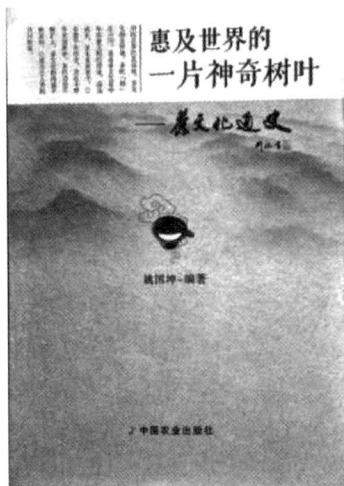

姚国坤编著的《惠及世界的一片神奇树叶——茶文化通史》

姚国坤从2007年开始几次动笔，写过一些提纲和若干片段，却始终千头万绪。材料虽多，但无论从什么角度落笔，站在什么立场阐述，总有不少值得商榷之处。直到2012年8月，中国农业出版社编辑姚佳女士专程从北京赶到姚国坤家中拜访。姚国坤自然明白编辑是带着求书的任务而来，果然以姚佳的锦心绣口说服了姚国坤开始撰写这部作品。姚佳回京后，中国农业出版社马上将此书列入出版社重点出版项目。姚国坤不得不迎难而上，于是集中花了两年多时间完成了书稿。已故的老朋友、老领导、老学者杨招棣教授为本书作了序，并写道："姚国坤教授是我国茶文化界之翘楚，著作等身，也可谓是一位茶界奇才和旷世之才。"

2019年1月，由中国国际茶文化研究会会长周国富任主编、姚国坤任执行副主编的百万字宏著《世界茶文化大全》问世。2020年3月，集姚国坤毕生实践和研究所得的百万字巨著《中国茶文化学》更是作为"十三五"国家重点图书出版发行，受到茶及茶文化界的普遍关注。

2020年秋，姚国坤的大部分著作由"天下第一藏书楼"宁波天一阁博物馆永久收藏。与此同时，姚国坤还将数以千计的藏书分批捐献给了母校浙江大学，以及工作过的浙江树人学院与浙江农林大学。

天一阁博物馆副馆长饶国庆（左二）、应芳舟（左一）到姚国坤家中接收著作

有一次，几位朋友相聚，有人提议打麻将娱乐，姚国坤说不会玩牌，朋友又："那喝酒吗？抽烟吗？"姚国坤苦笑道："我这一生，喝酒不足一口，抽烟不能一支，只会喝茶。"朋友问他既然早已退休，安享晚年，平时总该有一点休闲娱乐的嗜好吧？回答就是"写书"。

我也曾经问过姚老："您出版过这么多著作，最满意的是哪几部？"姚老略加思考，最后微笑着摇摇头说："我虽然出版过不少书籍，花去了一生许多时间，参考了很多资料，总结了不少观点，动了不少脑筋，但每本书出版后，回头推敲起来总觉得很多地方不够准确，有的地方把重要资料遗漏了，还有需要改正的地方，总之几乎每一本书都遗憾不少，这只能让后来者去增补和删改了。早年的书有些开拓的功劳，晚年的书有些总结的功劳，但如果要给自己打个分，恐怕也就只能是70多分，算是及格吧！"

四、中国茶文化学的奠基人

八旬山河茶又新。2020年3月，姚国坤晚年最重要的学术著作《中国茶文化学》出版发行。其实，姚国坤内心深处对《中国茶文化学》这个命题已经有了三十多年的情结，早在1989年他写完《中国茶文化》，就从未停止过在这五个字后面加上一个"学"字的努力。

2006年，陈文华在中国农业出版社出版了《中国茶文化学》一书，成为中国茶文化学的开山之作。此后，在中国茶文化学方面有教学、科研上的不断发展，但理论总结却始终未见更新。

记得在2013年的小满节气那天，陈文华先生在茶文化学院楼的露台上与我们青年教师座谈，生动详细地讲了他的一生以及对中国茶文化学的思考与嘱托。我恰好做了录音，没想到第二年的小满时节，陈文华先生不幸在出差途中意外过世，令茶界扼腕悲痛。我根据那一次的录音完成了他的口述史长文。当时他就谈起了他最后想做的一个学术工作，就是把当年的《中国茶文化学》扩充再版。然而陈先生的突然离世，使得《中国茶文化学》的更新戛然而止。

那么这位与姚国坤在学术上相互呼应了半生的老朋友陈文华是何许人也？我记得 2007 年，王旭烽老师准备带着刚成立的茶文化学院筹备大型舞台艺术呈现《中国茶谣》，登上联合国世界茶叶大会的舞台。那时候"呈现"一词在茶文化领域还是一个生僻词。王旭烽老师为了得到省里和学校在经费、政策上的支持，特地把茶界的泰山北斗们请来助阵，主要就是姚国坤和陈文华两位先生。我当时是第一次见到陈文华先生，只见一位瘦瘦高高的老学者最后发言，他站到茶艺室讲台上，一开口气场十足，光芒万丈，他先把姚国坤老师介绍了一番，说了姚老师当年在非洲种茶的传奇经历，把大家逗得哈哈大笑，气氛一下子活跃起来，进而他把茶文化艺术呈现的意义和价值讲得又深又透，把我们都听傻了。

会后我问旭烽老师，那位老教授是谁？王老师指指办公室的书架，上面是一大批 20 世纪 90 年代的《农业考古》茶文化专号，"我最早系统研究茶文化就是靠这份刊物，他就是创始人陈文华，茶文化大家"。那天负责拍照的是摄影系的同学，他走过来跟我说："拍人物肖像就要拍那位胖胖的教授和那位瘦瘦的教授，拍这种人，每一张的神态都精彩、有神！"他说的就是微胖型的姚国坤和瘦削型的陈文华。

　　如果说"二坤"这样的科学家转而成为茶文化学者，以茶学的力量滋养茶文化，是中国当代茶文化学者的一种代表类型，那么陈文华则是社会科学领域钻研茶文化学的另一类学者的标志性人物。

　　陈文华（1935—2014），福建厦门人。1958年毕业于厦门大学历史系，曾任江西省社会科学院副院长、全国政协委员、江西省社会科学院学术委员会副主任、江西省中国茶文化研究中心主任、江西省社会科学院重点学科"茶文化学"学科带头人，《农业考古》杂志主编，中国农业历史学会副会长，中国国际茶文化研究会常务理事等。

　　姚国坤与陈文华相识26年，始于1989年9月，那是在江西上饶参加茶文化活动，在那次研讨会上，陈文华对茶文化研究作深层次的发言，引起了姚国坤的注意。于是利用会议休息之际，姚国坤主动交流，表达了对陈文华学识的敬慕之情。而陈文华对姚国坤也是早闻大名，两人谈得高兴极了。姚国坤说："陈先生，你的发言引经据典，很有哲理！"陈文华哈哈大笑道："兄弟，你不知道，我只是个杂家而已！"姚国坤接着说："你的知识丰富，学养深厚，相貌堂堂，谈吐一流，准是个大才子！"

　　后来姚国坤对陈文华的认识不断加深，实在不是自己口中所说的"杂家"，而是一位在农业考古和茶文化研究领域名副其实的大专家，是农业考古学科的创始人之一，被日本学界称为"农业考古之父"。中国第一本《中国茶文化学》就是由他完成的。此后二人之间的距离愈来愈近，每次聚在一起就有说不尽的话，讨论不完的事。

姚国坤与陈文华

2001 年，受国家劳动和社会保障部委托，陈文华与余悦等人主持制定"国家茶艺师职业标准"并正式颁布全国执行，同时主编"全国茶艺师职业技能培训教材"《茶艺师》，后由国家劳动和社会保障部批准全国公开发行。姚国坤也作为专家参与其中，并与上海茶叶学会副会长、秘书长刘启贵一同担任教材终审[①]。直到2020 年，人社部按新国家标准出版《茶艺师》，姚国坤依然担任主审。

2007 年，中国国际茶文化研究会与浙江林学院茶文化学院合作举办"茶文化学科建设研讨会"，姚国坤作为副院长邀请陈文华参会，并做专题发言。后来在茶文化学院筹备和演出的《中国茶谣》中，总导演王旭烽特别邀请了陈文华先生担任剧中贯穿始终的"说书人"一角，姚国坤则担任茶文化顾问。两位老朋友一个在台上一个在幕后，为这出好戏出力。

---

① 刘启贵先生对上海茶叶发展功不可没，已于 2019 年逝世。

关于陈文华先生的一生我另有专文，而他不幸于北国突然逝世的始末，最了解情况和最后作别的人，恰恰就是姚国坤先生。两人最后一次见面是在哈尔滨，那次他们应黑龙江省茶艺师协会会长于凌汉的邀请，去哈尔滨出席茶事活动并讲学。2014年5月11日下午1时左右，陈文华携夫人程光茜先行从厦门到达哈尔滨在机场等候姚国坤。姚国坤因在宁波参加东亚茶文化研究中心举办的茶事活动，晚了一小时到达哈尔滨机场，两位老朋友相聚，格外高兴。随后于凌汉会长将他们接到宾馆住下。12日上午，他们参加由黑龙江茶界人士隆重举办的茶文化活动，会上二人都讲了话，还分别接受了黑龙江省和哈尔滨市电视台的采访。下午，他们又参加了黑龙江茶文化爱好者组织的集会，分别就茶文化的前世、今生和未来做了专题报告。13日上午，在于会长的陪同下，参观了哈尔滨的一些文化古迹。下午又与哈尔滨茶馆馆主进行了有关茶馆发展和茶艺呈现的面对面交谈。原定应大庆市茶艺师协会会长的邀请，14日上午赴大庆考察茶馆业并与馆主座谈，只因姚国坤15日还要赶去上海参加茶文化博览会，为此在于会长陪同下，陈文华夫妇先送姚国坤去机场，送别后再直接去大庆参加活动。岂料，这竟成永别！15日下午，姚国坤刚刚从上海回到杭州家中，手机传来消息，说陈文华先生因病经抢救无效于5月14日20点零7分逝世！姚国坤当时脑海一片空白，完全不敢相信，几乎失语。随即马上给哈尔滨的朋友多方通话，最后确认这是事实，哈城一别千古恨！

我深深地记得，陈文华先生过世后的一段时间，茶文化学院因为专业改革方面的问题，请姚国坤先生来学校参加研讨。会上校领导、院领导、系领导一位一位说下来，都是严谨刻板的常规会议腔调。最后请姚老发言时，他操着一口很不标准的普通话，一开口就说："你们知不知道，陈文华他死掉了！"他说"死掉了"三个字，非把这个"死"字说出来，是伤心至极，音调沉痛，情绪失控，竟当众落泪，大家瞬间沉默了。

其实早在2014年初，姚国坤把《惠及世界的一片神奇树叶——茶文化通史》书稿交给中国农业出版社以后，就想封笔了，至少关于茶文化的著作不打算再写。可是2015年春天，责编姚佳女士又找上门来，说是经过社里的反复研究，无论如何希望姚国坤再次出山，执笔写一部《中国茶文化学》。这个请求让姚国坤非常为难，他当然清楚这本书的难写程度，"中国茶文化"后面加上一个"学"字，广度、深度、内涵和性质就不一样了。于是他婉言谢绝了姚佳，希望另请高人。过了十多天，姚佳又来做工作了，大意是说现在年轻人，虽有冲劲，但手头资料相对较少；中年人，虽然学有所成，但忙于拼搏事业，无心写这样厚重的书；只有姚老师年岁虽高，但身体依然康健，又有海量积累，且德高望重，是撰写此书最合适的人，希望能为后来者做件有益的事。姚国坤有些动摇了。但姚师母持反对意见，因为姚老因长年写作，已经腰椎间盘突出，腰伤不断，她说："依我看，你不要再答应写书了，年岁不饶人啊！你这辈子出版的书也够多了，身体要紧，该享点清福了！"

也许是老朋友的突然离世刺激了姚国坤，使他陷入了对人生、对学问的沉思之中。将中国茶文化从概论、概述、通史、通论的层面提升为"中国茶文化学"其实是姚国坤毕生研究、实践，想做而不敢轻易去做的事情。当他步入八十岁时，他感到肩上的担子反倒更重了起来，因为他们这一代的茶人如流星般纷纷陨落。于是八十岁那年他正式开始面对"中国茶文化学"从头来过，将一生的积累重新梳理、整合、再构与升华。

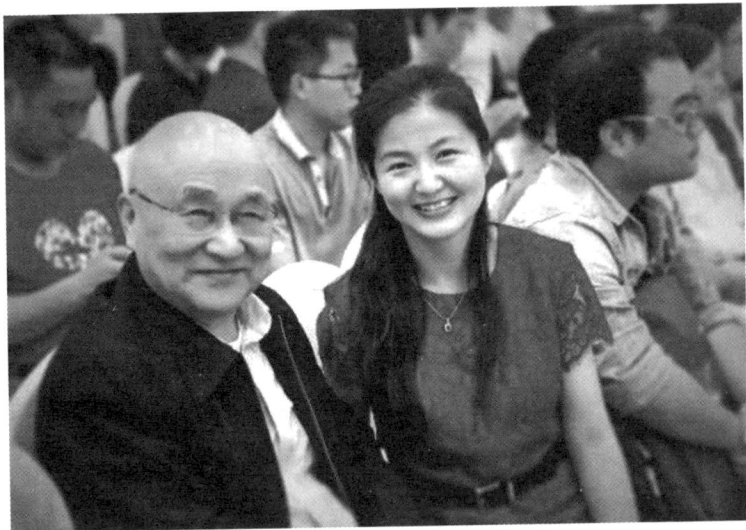

姚国坤与《中国茶文化学》责编姚佳

既然决心已定，他就出手了，按学科性质、内容和建设要求，只花了差不多一个月时间，就列出了一个《中国茶文化学》编写的大纲草案。之后，又经多次修改增删，将初定提纲发送给出版社。最终，又经出版社编辑们的多次讨论修改，遂正式将提纲确定下来。大约过了几个月时间，通过姚佳的努力，《中国茶文化学》被列入"十三五"国家重点图书、音像、电子出版物出版规划项目。于是姚国坤推掉了各种社会活动，起早摸黑，埋头书海。写书的过程中他还不断向几十年来结识的众多名家求助和讨教，许多海内外同仁和朋友，提供了宝贵资料。108 岁仙逝的"茶界泰斗"张天福，以及著名茶文化学者、茅盾文学奖得主王旭烽教授为本书作序。全国人大代表、中国佛教协会副会长、少林寺方丈释永信还为书题写书名。

而一再反对他写书的夫人陈佩芳，知道老姚决定要完成这部总结一生的大作后，又变成了他生活中最大的支持者。平时更加注重饮食调配，定时送药倒水，还为他查找资料、做卡片，直至打字、复印、校正等工作，倾情付出。

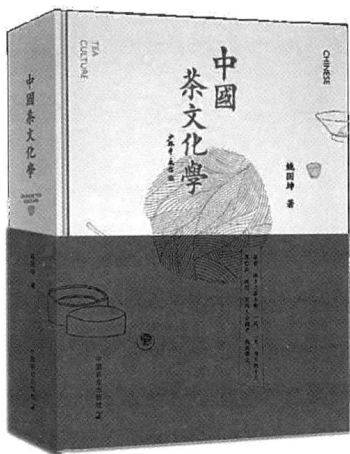

姚国坤著《中国茶文化学》

如此，姚国坤历经四年多苦战，将他在半个多世纪中学习和积累的有关研究心得和实践认知全盘托出，终于完成了《中国茶文化学》的书稿。这部著作，有一百多万字，内含珍贵图片700余幅，回答了何为茶？何为文化？何为茶文化？何为茶文化学？对茶文化的内容，茶文化的特征与特点等问题都有旗帜鲜明的回答。同时，全书还以茶的自然科学属性为起点，从梳理茶之源流开始，寻觅茶文化根脉及发展历程，由此进入茶文化的人文科学和社会科学坐标系统，使读者得以观察茶文化与生活、风俗、养生之间的关系，研究茶文化与民生、旅游、艺文之互动融合，剖析茶在哲学、经济、政治、社会中的权重，前瞻茶文化走向世界的复兴之路，不但为中国茶文化学科建设做了实实在在的铺垫工作，开辟了新的蹊径；而且还为茶文化领域提供了概念清晰、持论有据的基础理论，最终集结成当代中国茶文化传承推广阵容中的一部重要读物。这是对中国茶文化历史的一次回顾和梳理，也是对未来中国茶文化的一次引领和导向。

可以说这部扛鼎之作是他一生从事茶及茶文化科研、教学和生产实践 60 年来的学术总结。

因为书太厚，印刷精良成本高，出版社定价 398 元。这可愁坏了姚国坤，他心想买一本书可以买上一百二三十斤大米啊！更糟糕的是新书发行时正逢新冠疫情在国内暴发，全国范围内许多城市"封城"，为防疫情扩散，全国一切社会活动处于停顿状态，学校停课、聚会停止、商店停售，大家居家隔离，在这种情态下，宣传发行只得改在网上。然而情况出人意料，购书者出奇的多，有的还在网上自动"接龙"购买，还邀请姚国坤签名留念。读者中年龄最小的还不满周岁，名叫戚盼盼，她的妈妈特地在盼盼周岁时买了一本《中国茶文化学》，还特别请姚老师为她的孩子签名留念，期望盼盼长大后能如姚爷爷一样，成为一位茶文化事业的继承者。这可能是姚国坤作品年纪最小的读者了。之后，《中国茶文化学》还将被翻译成英文和俄文等公开向世界几十个国家和地区发行。

清华大学夏虞南博士看到了《中国茶文化学》后，结合与姚国坤相识的经历和自己对他的崇敬之情写了《芒种（2020 年 6 月 5 日，时为芒种节）接姚老新书感怀》，诗曰：

> 芒种寄鱼信，舒怀夏日长。
>
> 西泠思教席，朗月照书箱。
>
> 一纸金声振，半堂徐稚床。
>
> 耄期冀永岁，为写泼茶香。

姚国坤晚年将著书与育人这两件事有机结合、相辅相成，他通过著书来育人，又通过育人才明白自己应该著怎么样的书。他始终喜欢与年轻的学子们交流，总是毫无保留地为他们提供茶文化方面的资料与学识。我几乎每年都会带着茶文化的学生们多次登门拜访姚老师，他总是拿出最大的热情接待我们，不仅赠书、合影、吃茶，谈笑风生，有时甚至亲自下厨做饭请我吃，姚老师是真的喜欢学生们。

前些年，清华大学、中国人民大学的30多位博士、博士后组成了一个茶文化调研考察组，由2009年四川高考文科状元、清华大学茶文化协会会长、历史系博士夏虞南带队，专门访问浙江大学茶学系，首先邀请姚国坤做一个讲座，谈谈"茶文化的前世今生"。会后同学们特地赶到姚老家中拜访，大家与他交谈、合影，其乐融融。年轻的博士们都说姚国坤老师是个"暖男"，姚老开怀大笑说："暖男可能是受女孩欢迎的男孩吧！但以前有女孩说我像'土豆'呢！"年轻人都喜欢风趣幽默、和蔼可亲的姚国坤老师是不争的事实。

姚国坤不仅爱学生，也感念自己的老师，他说："人如果一辈子能碰到一两位名师指点，就是很大的幸运，而我碰到了多位名师，是我的大幸运。他们的谆谆教诲，使我受用终身。"自1958年入大学茶叶系读书时，他遇到了茶界泰斗庄晚芳先生，以及张堂恒、刘祖生等茶叶知名教授。毕业时，他受到包括茶学系领导赵学廉（后来升任浙江计量大学党委书记）、副书记胡月龄等在内的众多名师极力推荐留校任教，工作后，又拜在金陵大学农学院毕业、留学美国康奈尔大学的茶学家李联标先生门下。

姚国坤听取老师庄晚芳（左）指点

一个人若要有所成就，良师益友之外，机遇与平台也很重要。姚国坤凭着早年的刻苦，进入浙江农业大学（现与浙江大学合并）茶学系，这是教育部全国茶学重点学科所在，师资力量雄厚，教育资源丰富，为他学习知识提供了最佳境遇。参加工作后又进入了中国茶科所工作，那里人才济济，资料齐全，设备完善，为他探索科研、开展工作提供了舞台。退休后，他转入中国国际茶文化研究会工作，有更好的机会与国内外专家学者广泛接触，相互切磋，开阔眼界，使其在茶文化领域焕发新的生命。

姚国坤说："我搞茶文化研究，写书出版是从20世纪80年代中开始的，那时我正步入中年，精力充沛。这以后40年光景正逢国家改革开放，国运昌盛，茶叶复兴，这样一个大环境、大前提，是最好的机遇。"他还说："此生有幸为茶，此生无悔事茶，此生永远念茶。"

尾声 | 中国茶文化的缩影

　　至少在我的心目中，姚国坤是一位最典型的茶界主流代表。他的作品是站在最中正、广泛的立场上对中国茶及茶文化的学术表达。研究这位人物和他的著作，是进一步对中国茶文化进行深入研究、探索、批判、发展的一个基础，也是一个路标与灯塔。

　　如果离开姚国坤一代人半个多世纪以来建立的对中国茶文化学的基本准则，就根本无从评价当代茶文化的"浪潮"，也无从瞭望茶文化的未来。

　　改革开放以来随着经济的发展，社会生活水平的提高，中国茶文化有了长足的进步和繁荣。特别是进入 21 世纪以来，发展更快，茶文化在全国范围内得到复兴，无论在广度和深度上，还是在高度和精度上都达到了一个新的境界：一是茶文化学科基本确立，并渐趋成熟；二是"茶为国饮"深入人心，茶文化组织纷纷建立；三是茶文化已成为一种产业，且发展迅猛；四是茶文化学术氛围浓厚，茶文物受到保护和修复；五是茶文化场馆不断建立，茶文化市场开始形成。

这些成就与姚国坤人生的贡献皆可一一对应，在前文中也细数过一二。与此同时，姚国坤始终还在研究和关注其中存在的问题与隐患。比如一味地追求发展茶园面积，忽视提高茶叶产量、质量和经济效益，殊不知我国已经有占世界 60% 以上的茶园，但只换来占世界 45% 的产量，在现实生产中，重春茶、弃夏茶、轻秋茶的情况普遍存在，广种薄收。在对茶叶的管理上多头领导，种植、购销、出口、质检、开发等政出多门，各吹各的号，各唱各的调，碰到问题，容易出现推诿。其次茶叶销售炒山头、炒树龄、炒传承、炒贮藏年份等大有人在，往往夸大其词，甚至提出一些不符事实的宣传口号，却不从根本上去普及科学饮茶知识去鼓励大家消费，以致在现实生活中某些茶叶出现大量积压，甚至年久变质，造成浪费。再有，各地社团组织纷纷建立，这原本是件好事，但目前各地搞的茶文化活动同质化严重，重复过多，你方唱罢我登场，领导干部、业务人员、企事业人员、专家学者忙于奔波，不务正业，似有劳民伤财之感。茶文化学是一门自然科学、人文科学和社会科学相结合的交叉学科，事关全社会，牵涉全人类，目前虽然趋于不断壮大阶段，但在大范围而言，仍没有突破圈子文化范畴。还有当下茶文化"热"并不见得是一个褒义词，"热"往往伴随着不少乱象。太多的新兴茶人喜欢借助自媒体的便利自圆其说，自成一脉，大师横生，夸夸其谈。

虽然姚国坤待人接物总是微笑，但并不代表他作为一位知识分子缺乏批判与忧虑。这些问题，在 2018 年新华社记者采访姚国坤时，他就以权威学者的身份做了详细的说明。事后，新华社记者作为内参，分两期向中央高层领导反映。

面对问题，姚国坤指出，中国的茶和茶文化事业虽取得了长足的进步，但发展是很不平衡的，缺乏顶层设计。所以，统一设计、全面规划，已刻不容缓。我国的茶叶消费，几千年来依然停留在茶是饮料的传统观念上，消费单一。而东邻日、韩以及欧美等国，茶的深加工发展很快，并广泛应用。而这方面，我们正处于起步阶段，特别缺乏政策支持。要把茶叶产业链拉长，茶不仅可以饮，而且还可以吃、可以玩、可以用、可以防病健身，特别是把茶文化转换为茶产业、茶经济、茶旅游、茶文化创意产业的重大课题，值得几代人的重视与努力。要继续加大宣传力度，茶文化要从圈子文化走向普罗大众，特别要兴办教育，深入到青少年中去，甚至从娃娃抓起。

纵观姚国坤的人生，20世纪60—80年代，茶叶生产正处于恢复和发展时期，姚国坤在团队的配合下，从茶树营养生理入手，对茶园生态环境、茶园土壤改良、茶树群体结构、茶树综合栽培等方面在全国范围内做了大量考察调查和试验研究工作，提出了"茶园大面积产优质高的理论基础和生产实践"报告。在此基础上，又在全国范围进行实践和推广，取得了较好的效果。可以说，这是后来茶产业和茶文化得以快速发展的重要基础。

20世纪70年代，姚国坤赴西非马里共和国种植茶树2年8个月，不但打破了马里不能种茶的神话，而且完成了中马援建马里茶场合同指标，受到中马双方赞扬，国内《人民日报》还为此做了专门报道。1982年，他又应巴基斯坦农业委员会的邀请，代表中方去巴基斯坦考察种茶和建立茶叶实验中心的可能性。通过实地调查研究，最终促使巴基斯坦成立了首个茶叶实验中心，并新开辟种植茶园100公顷。

至21世纪初，随着茶文化事业在全国范围内的兴起，根据当时形势发展和学科建设的需要，于2003年开始，他率先在浙江树人学院筹建了应用茶文化专业，被专聘为系主任、教授。2006 年，他又在浙江林学院筹建了茶文化学院，被聘为副院长，负责学科设置和师资培训及对外宣传联络。目前，两校的茶文化教育工作开展顺利，发展迅速。

从 1996 年下半年开始，直至 2019 年，姚国坤先后协助中国国际茶文化研究会领导组织和筹备了整整 10 届大型"国际茶文化研讨会"。此外，他还参与组织和筹备了各种大型专题国际会议十多个。这些国际性会议，为弘扬茶文化，倡导"茶为国饮"，为茶文化在世界范围内扩大影响起到了推动作用。

姚国坤经历了中国农业科学院茶叶研究所 30 多年的茶学研究，在中国国际茶文化研究会 20 多年来的茶文化工作，以及赴世界多个国家与地区的考察调研，积累了海量的资料和数据，整理编纂了总共 90 余部茶及茶文化著作，合计执笔两千余万字。

清华大学夏虞南博士将姚国坤的人生轨迹与学术成果作成长诗《八十如意歌》一首，诗曰：

君不见，姚夫子，东风如沐紫芽迟。

回眸意气自来盛，堂庑罗分发玉蕤。

从小难逢容易事，幼经丧乱总分离。

双萱慈母护黄犊，寄寓苍茫一局棋。

伯父借留精武烈，武罢兼济补疏篱。

乡人多仿曹娥孝，招鹤看牛柳下池。

文墨且因固穷困，春晖已待阿坤儿。

木鸡呆若未嫌累，三九寒冬学退之。

狂少踌躇青史志，笑云嘉叶是何为。

丹丘曾断出溪茗，踏破芒鞋任险崎。

求问方家随转盼，方家尊宿晚芳师。

守仁静笃追前辈，功遂虚怀莫敢私。

信达只身堪重担，缘交四海馈天资。

足承千里勋名短，杯映浮生日月驰。

可谓上虞初识莸，他朝华服衬茶痴。

佩兰香芷终连理，无数情深染黛脂。

比翼对歌尝众苦，齐眉举案写神姿。

年年凭几争完稿，岁岁飘洋也不辞。

同道琼轩相并立，老妻画纸巧成诗。

平宽偏爱寻常乐，槚蔎今秋挂满枝。

率性逐诚真义在，孰论物外世评词。

鸿儒高卧添邻语，伏枥图南有故知。

窥得书中良夜漫，冰心却又付谁司。

闲居唯愿倚仙友，八十山河入新时。

　　姚国坤的前半生是中国茶叶一路从民国进入新中国时期，他成为一个承前启后的人物，承接着自吴觉农、庄晚芳、李联标等人物所开创的事业，也经历了曲折与磨难，更有属于他一代人援助"第三世界"植茶这样独一无二的带有强烈历史标记的经历。他的后半生，伴随着自改革开放四十多年的发展，著书立说、教书育人、社会活动，成就卓著。而这一切始终没有离开过一个"茶"字。

　　如果把姚国坤当成学术研究的对象，关键词或许是欢喜、广博、勤奋。他慈眉善目，人见人爱，各地都邀请他，人气指数"爆表"。这种欢喜是源于他的广博，阅历广博、经历广博、知识广博、智慧广博，他的阅读、思考、游历、工作与生活都融汇于他人生的长河。而这样一条宏富的长河之中哪里会没有痛苦呢？他只是用他的智慧与欢喜化解了。在这条长河里我们求之不尽、用之不竭，却永远也汲取不到负能量。而广博的生命之河是源于一生的勤奋，年过八旬的他依然在探索，去各地考察和调研，汲取营养，笔耕不辍。可见"高山仰止"原本就是"仰止"这座高山的成就与勤奋的两面。

叙述姚国坤的一生也即是对中国当代茶文化史的一次跋涉，沿途的风景，既有过山重水复，也有过柳暗花明，更有过跌宕起伏与冲浪前行。可以说，姚国坤是中国当代茶文化的一个缩影，他也创造了——一个人的茶文化史。

2019 年元旦于日本横滨完成初稿前半部分
2020 年疫情中于嘉兴南湖完成初稿后半部分
2021 年春节于杭州临安完成二稿
2022 年 4 月 5 日于敦煌研究院完成三稿

附录

姚国坤履历

1958—1962 年，就读于浙江农学院茶叶系。

1972—1975 年，赴马里共和国任农村发展部茶叶技术顾问。

1982 年，赴巴基斯坦考察和组建国家茶叶实验中心。

1986 年，任中国农业科学院茶叶研究所栽培研究室主任。

1988 年，任浙江省茶叶学会副会长。

1992 年，中国农业科学院茶叶研究所研究员。

1992 年，任中国农业科学院茶叶研究所科技开发处处长。

1996—2010 年，任中国国际茶文化研究会常务副秘书长兼办公室主任、中国国际茶文化研究会学术委员会副主任、中国茶叶流通协会专家委员会副主任、浙江省茶文化研究会副会长、浙江省茶艺师专业委员会主任等职。

1999—2000 年，筹建第一所茶文化职业技术培训学校"浙江华韵职业技术学校"，并任副校长。

2002 年，担任国家首部《茶艺师》培训教材终审成员。

2003 年，组建全国第一个应用茶文化专业"浙江树人大学茶文化专业"并任专聘教授、系负责人。

2006年，筹建全国第一所茶文化学院"浙江农林大学茶文化学院"并任副院长。

2007年，担任首届浙江省职业技能鉴定专家委员会茶艺师专业委员会主任。

2007年，接受中央电视台《小崔说事》栏目的访谈。

2012年，任日本中国茶文化协会常务理事。

2012年，任世界茶文化学术研究会（日本注册）副会长。

2014年，任国际名茶协会（美国注册）专家委员会委员。

2016年，赴美国举办"茶文化与世界"专题讲座。

2017年，撰写《振兴茶产业，繁荣茶文化的思考和建言》被新华社所属中国经济信息社采纳，编辑成《新华社经济分析报告》（1134期、1135期）作为咨询和智库报告送政府决策层。

2020年，任大唐贡茶研究院院长。

2020—2021年，任中国向联合国教科文组织申报的"中国传统制茶技艺及其相关习俗"人类非物质遗产项目的专家组核心成员。

2021年，任中国茶叶博物馆专家委员会委员。

20世纪70年代以来，多次赴美国、日本、韩国、巴基斯坦、马里、马来西亚、新加坡等国家，以及中国香港、澳门等地区进行学术交流，讲授茶及茶文化。先后组织和参加过20多次大型国际学术研讨会。公开发表学术论文250余篇，公开出版著作（包括独著、合著、参编、主编）100余部（附后）。

此外，姚国坤还接受过中央电视台、上海东方电视台、中国东方航空电视、浙江电视台、湖南电视台、河南电视台、贵州电视台、黑龙江电视台、香港凤凰台、澳门电视台、美国佐治亚州立电视台、法国电视台、日本电视台、荷兰电视台等的采访与报道，以及《茶博览》《中华茶人》《茶韵》《阳羡茶》《宁波茶文化之最》《收藏》《海上茶路》《茶源地理》、浙江大学教育基金会融媒体、《宁波茶通典·茶人物典》等书刊媒体的长篇报道。

姚国坤获得荣誉

20 世纪 80—90 年代，因在茶学科学研究方面做出成就，曾先后 4 次获得国家级和省级、部级科技进步奖励，取得 6 项科技成果。

1992 年，中国科普作家协会、中国农学会、中国林学会等五团体授予在农林方面"80 年代以来成绩突出的科普作家"称号。

1993 年，因发展我国农业技术事业做出的特殊贡献，受到国务院表彰，享受国务院政府特殊津贴，并颁发证书。

2007 年，吴觉农茶学思想研究会授予"觉农勋章"。

2010 年，家乡余姚市人大常委会授予"爱乡楷模"称号。

2011 年，中国国际品牌协会等三个学术团体授予"国际十大杰出贡献茶人"称号。

2016 年，中国国际茶文化研究会授予"特别贡献奖"。

2016 年，中国茶文化国际交流协会、中国新闻传播中心等授予"中国茶行业终身成就奖"。

2016 年，浙江省茶叶学会授予"特别奉献奖"。

2017 年，国际茶业大会组委会授予"国际茶文化杰出贡献茶人"称号。

2019 年，中共浙江省委老干部局授予"银尚达人"称号。

2020 年，中华茶人联谊会、中国国际茶文化研究会和海峡两岸茶业交流协会授予"杰出中华茶人终身成就"称号。

2020 年，《中国茶文化学》入选中国茶行业媒体联盟"2019—2020 阅读十大茶书榜单"。

2020 年，《中国茶文化学》入选中华合作时报茶周刊全媒体联合茶书网评选的"2020 最值得阅读的十大茶书"。

2020 年，《图说浙江茶文化》作为经典中国国际出版工程和 2020 丝路书香工程翻译成英文和阿拉伯文出版。

2020 年，出版著作 68 种、手稿 1 种、杂志 5 种由宁波天一阁藏书博物馆永久收藏。

2021 年，中国茶叶博物馆授予"终身荣誉奖"。

2021 年，宁波茶文化促进会授予"终身成就奖"。

2022 年，第三届中国茶人春节联欢晚会上获首届大地奖"特别致敬奖"。

姚国坤出版著作目录（1984—2023 年）

自著书目：

《茶在马里》，茶叶动态专刊，1984。

《茶文化概论》，浙江摄影出版社，2004。

《茶艺基础百说》，浙江摄影出版社，2004。

《龙井茶》，中国轻工业出版社，2005。

《图说浙江茶文化》，西泠印社出版社，2007。

《图说中国茶文化（上、下册）》，浙江古籍出版社，2007。

《西湖龙井茶》，上海文化出版社，2008。

《茶圣·茶经》，上海文化出版社，2010。

《图说世界茶文化（上、下册）》，中国文史出版社，2012。

《中国名优茶地图》，上海文化出版社，2013。

《惠及世界的一片神奇树叶——茶文化通史》，中国农业出版社，2015。

《中国茶文化学》，中国农业出版社，2020。

《图说浙江茶文化》（英文版），美国学者出版社，2023。

《图说浙江茶文化》（阿拉伯语版），约旦阿拉伯文出版社，2023。

合著书目：

《茶树栽培技术》，中国农业科学院茶叶研究所，1982。

《种茶》，浙江科技出版社，1984。

《茶叶优质原理与技术》，上海科技出版社，1985。

《茶与文化》，春风出版社，1985。

《新茶园开辟与管理》，中国农业科学院茶叶研究所，1987。

《饮茶的科学》，上海科技出版社，1987。

《饮茶的科学》（繁体字版），台湾渡假出版社，1990。

《茶树高产优质栽培新技术》，金盾出版社，1990。

《中国茶文化》，上海文化出版社，1991。

《茶的典故》，农业出版社，1991。

《茶树栽培》，气象出版社，1992。

《家庭用茶宝典》，上海文化出版社，1992。

《中国茶与健康》，中国对外经济与贸易出版社，1993。

《中国茶文化》（繁体字版），台北洪叶文化事业有限公司，1994。

《饮茶健身全典》，上海文化出版社，1995。

《中国古代茶具》，上海文化出版社，1998。

《中华茶文化》（日文版），日本千叶出版社，2000。

《实用茶艺图典》，上海文化出版社，2000。

《中国茶文化大全》（日文版），日本农山文化协会出版，2001。

《享受中国茶》，上海文化出版社，2001。

《茶经》（解读与点校），上海文化出版社，2003。

《享受饮茶》，农村读物出版社，2003。

《饮茶习俗》，中国农业出版社，2003。

《中国茶文化》，日本梓书院，2003。

《中国茶文化遗迹》，上海文化出版社，2004。

《学会中国饮茶习俗的第一本书》（繁体字版），台湾宇河文化出版社，2004。

《学会中国饮茶习俗》（繁体字版），台北宇河文化出版社，2004。

《图说中国茶》，上海文化出版社，2006。

《名山名水与名茶》，中国轻工业出版社，2006。

《清代茶叶对外贸易》，澳门民政总署文化体育部制作，2007。

《图说中国茶》，香港万里机构万里书店，2007。

《科学饮茶　有利健康》，浙江古籍出版社，2008。

《茶艺师》，浙江科学技术出版社，2008。

《家庭用茶》，上海文化出版社，2009。

《茶风·茶俗·茶文化》（繁体字版），台北知青频道出版社，2009。

《饮茶保健康》，上海文化出版社，2010。

《茶及茶文化21讲》，上海文化出版社，2010。

《唯茶是求·茶及茶文化又21讲》，上海文化出版社，2013。

《饮茶悟养生》，世界图书出版公司，2014。

《一千零一叶——故事里的茶文化》，上海文化出版社，2016。

《世界饮茶风情》，上海文化出版社，2021。

《中国十大茶叶区域公用品牌之西湖龙井》，中国农业出版社，2023。

主编（执行主编）书目：

《2009 中国·浙江绿茶大会论文集》，中央文献出版社，2009。

《第十一届国际茶文化研讨会论文集》，中央文献出版社，2010。

《历代茶诗集成·唐代卷》，上海文化出版社，2014。

《历代茶诗集成·宋代卷·金代卷（上、中、下）》，上海文化出版社，2014。

《世界茶文化大全（上、下）》，中国农业出版社，2019。

参编书目：

《中国茶树栽培学》，上海科技出版社，1986。

《中国茶经》，上海文化出版社，1992。

《文化鉴赏大成》，上海文化出版社，1995。

《世界茶业 100 年》，上海科技教育出版社，1995。

《茶文化学》，中国农业出版社，2000。

《中国茶事典》（日文版），日本勉诚出版株式会社，2007。

《中国茶叶大辞典》，中国轻工业出版社，2008。

总编丛书书目：

1. 大专院校茶文化专业教材

《茶文化概论》，浙江摄影出版社，2004。

《茶叶加工技术与设备》，浙江摄影出版社，2005。

《茶业经营与管理》，浙江摄影出版社，2005。

《茶叶对外贸易实务》，浙江摄影出版社，2005。

《茶的营养与保健》，浙江摄影出版社，2005。

《茶树种植》，浙江摄影出版社，2007。

2. 茶与"三教"丛书

《茶与佛教》，上海文化出版社，2014。

《茶与道教》，上海文化出版社，2014。

《茶与儒教》，上海文化出版社，2014。

3. 中国茶文化丛书

《陆羽〈茶经〉简明读本》，中国农业出版社，2017。

《大唐宫廷茶具文化》，中国农业出版社，2017。

《饮茶健康之道》，中国农业出版社，2018。

《茶席艺术》，中国农业出版社，2018。

《中国茶艺文化》，中国农业出版社，2018。

《茶文化的知与行》，中国农业出版社，2019。

《茶文化旅游》，中国农业出版社，2019。

《茶学名师拾遗》，中国农业出版社，2019。

《茶叶质量安全与消费指南》，中国农业出版社，2020。

《安茶史话》，中国农业出版社，2020。

《中国茶事通论》，中国农业出版社，2022。

《问茶衢州：北纬 30° 的茶汤之味》，中国农业出版社，2023。

4. 中国十大茶叶区域公用品牌丛书

《普洱茶》，中国农业出版社，2021。

《信阳毛尖》，中国农业出版社，2022。

《武夷岩茶》，中国农业出版社，2024。

《都匀毛尖》，中国农业出版社，2024。

5. 中国茶文化系列丛书

《茶韵故事》，大连海事大学出版社，2018。

《茶韵生活》，大连海事大学出版社，2018。

《茶韵丝路》，大连海事大学出版社，2018。

《茶韵品鉴》，大连海事大学出版社，2018。

《茶韵雅器》，大连海事大学出版社，2018。

《茶韵诗情》，大连海事大学出版社，2018。

6. 世界茶文化学术研究丛书

《陆羽〈茶经〉研究》，中国农业出版社，2014。

《荣西〈吃茶养生记〉研究》，（日文版），日本宫带，2014。

《荣西〈吃茶养生记〉研究》，中国农业出版社，2020。

7. 宁波茶通典

《宁波茶通典·茶史典》，中国农业出版社，2023。

《宁波茶通典·茶路典》，中国农业出版社，2023。

《宁波茶通典·茶业典》，中国农业出版社，2023。

《宁波茶通典·茶人物典》，中国农业出版社，2023。

《宁波茶通典·茶器典·越窑青瓷》，中国农业出版社，2023。

《宁波茶通典·茶器典·玉成窑》，中国农业出版社，2023。

《宁波茶通典·茶书典》，中国农业出版社，2023。

《宁波茶通典·茶诗典》，中国农业出版社，2023。

《宁波茶通典·茶俗典》，中国农业出版社，2023。

8. 名家问茶系列丛书

《茶文史知识 100 问》，中国农业出版社，2024。

《茶树良种 100 问》，中国农业出版社，2024。

《茶加工制造 100 问》，中国农业出版社，2024。

《茶种植管理 100 问》，中国农业出版社，2024。

后记

　　观察并书写姚国坤先生已经持续了很多年，仅是从中国农业出版社接到写作这部书稿的任务至今已经超过了五个年头。

　　我曾为姚老写过一个篇幅很长的"口述史"，题为《八十山河入茶新》，发表后引起了茶界的关注与反响，好几个刊物及公众号希望转载。全国各地疏于联络的老朋友们纷纷给姚老打来电话，他不胜其扰，却也高兴。姚师母笑着告诉我："你的文章写出来，老姚又'红'了一把！"

　　其实那段时间，姚老很想写一本自己人生中值得回味和咀嚼的一些人和事。他还列了一个写作提纲，暂名为《那些不好说，又不便说的事》，想以"休闲"的笔调写成一篇一篇散文，但是刚开笔写了几篇就进行不下去了。于是姚老干脆把这些回忆片段发给我，希望由我来写。

　　这对我来说是一项艰巨的工程，因为"口述史"的写法与回忆散文的写法各不相同，第一人称还是第三人称？是叙事性的人物传记还是评传？是幽默轻松的风格还是沉郁严肃的风格？关键是要弄明白写姚国坤的意义是什么？仅是解决这些问题就花了很长时间。当我明白研究和书写姚国坤的个人生活史牵扯到盘根错节的茶人与茶事，对整个当代茶文化历史有一个长程的透视与观察，才正式向姚老接下了这个艰难的任务。

此后，我采集、访谈了大量关于姚老的基础材料。直到2019年元旦前后，我把自己一个人关在日本神奈川大学的研究室里完成了这部书初稿的上半部分，写作很辛苦却很愉快，因为姚老的前半生是充满故事性的，让人有叙述的冲动。

但是书稿的后半部分也是他人生的后半程则更多地进入了关于他营造的学术世界的评述。直到2020年初新冠疫情暴发封城的两个月中完成了下半部分。糟糕的是，陆续修改两年后再次从头梳理时，我惊讶地发现，我几乎面临着重写后半部分的窘境。

直到2022年仍然带有着阴霾的春天，我受到敦煌研究院的邀请，作"莫高讲堂"的讲座，主题是关于佛教民俗学与茶。在敦煌学这个世界学术高地讲学交流令我诚惶诚恐，还得求教于姚国坤先生，他毫无保留地将所有关于佛教与茶方面的思考与资料提供给我研究，终于令我心里有了底。

姚老曾两度赴敦煌莫高窟调查，除了对敦煌写本《茶酒论》进行过研究外，一直有个心愿就是希望能够在浩如烟海的历代壁画中寻找到关于茶文化的图像，然而一直没有发现。他希望我这次能尽可能深入地查找，继续这项工作。

值得庆幸的是，在根敦阿斯尔博士的帮助下，我在敦煌研究院的资料特藏室进行了持续一周的查阅，又对莫高窟、榆林窟、西千佛洞三处石窟壁画进行观摩探讨，终于发现并确定了敦煌壁画上的茶文化图案。从而完成了老师的夙愿。并且在这座世界文化遗产的圣地之中，眺望着莫高窟九层楼，最终完成了这部书稿。

早在数年前，中国当代的书法泰斗高式熊先生在百岁仙逝前不久，就用苍劲的笔力为本书题写了书名。还有中国农业出版社的姚佳女士多年来恳切地关心与追索这部书稿。最后要特别感谢的是我多年来的导师王旭烽教授为本书作序，还有我的博导、日本神奈川大学的校长小熊诚教授，厦门大学中文系的汪晓云教授，学贯中日的林祁教授，是他们分别以各自的学养让我能够以文学与民俗学的个人生活史相结合的角度完成这次写作。

潘　城

2024 年 7 月 8 日于宁德金室

图书在版编目（CIP）数据

一个人的茶文化史：姚国坤传 / 潘城著. -- 北京：
中国农业出版社, 2025. 1. -- ISBN 978-7-109-32377-3

Ⅰ. K826.3；TS971.21

中国国家版本馆CIP数据核字第2024YH1302号

一个人的茶文化史
YIGEREN DE CHA WENHUA SHI

中国农业出版社出版

地址：北京市朝阳区麦子店街18号楼
邮编：100125
责任编辑：姚　佳
版式设计：王　晨　　责任校对：吴丽婷
印刷：北京通州皇家印刷厂
版次：2025年1月第1版
印次：2025年1月北京第1次印刷
发行：新华书店北京发行所
开本：880mm×1230mm　1/32
印张：7.25
字数：169千字
定价：88.00元